das perfekte
WOCHENENDE

Ein Reisekalender – zusammengestellt vom
Süddeutsche Zeitung Magazin

NAME

ADRESSE

TELEFON

EMAIL

INHALT

JANUAR Amalfiküste–*Italien* 14, Ötztal–*Österreich* 16, S. Bernardino–*Schweiz* 18, Weissensee–*Österreich* 20

FEBRUAR Marrakesch–*Marokko* 26, Gstaad–*Schweiz* 28, Karlsbad–*Tschechien* 30, Schnalstal–*Italien* 32

MÄRZ Bezau–*Österreich* 38, Chalkidiki–*Griechenland* 40, Côte d'Azur–*Frankreich* 42, Paris–*Frankreich* 44

APRIL Istanbul–*Türkei* 50, Hornbach–*Deutschland* 52, Reggio Emilia–*Italien* 54, Zypern–*Zypern* 56

MAI Arezzo–*Italien* 62, Budapest–*Ungarn* 64, Gardasee–*Italien* 66, Athen–*Griechenland* 68, München–*Deutschland* 70

JUNI Gotha–*Deutschland* 76, Ischia–*Italien* 78, Los Angeles–*USA* 80, Wien–*Österreich* 82, Göteborg–*Schweden* 84, St. Maria di Castellabate–*Italien* 86, Frankfurt–*Deutschland* 88

JULI Alpbach–*Österreich* 94, Camargue–*Frankreich* 96, Nida–*Litauen* 98, Reykjavik–*Island* 100, Venedig–*Italien* 102, Bodensee–*Deutschland* 104

AUGUST	Amrum–*Deutschland* 110, Derbyshire–*Großbritannien* 112, Millstatt am See–*Österreich* 114, Monaco–*Monaco* 116, Salzburger Land–*Österreich* 118, Zagreb–*Kroatien* 120, Oslo–*Norwegen* 122
SEPTEMBER	Arosa–*Schweiz* 128, Dresden–*Deutschland* 130, Juist–*Deutschland* 132, Stockholm–*Schweden* 134, Waren/Müritz–*Deutschland* 136
OKTOBER	Auerbach/Salzburg–*Österreich* 142, Kopenhagen–*Dänemark* 144, Pamplona–*Spanien* 146, Sächsisches Vogtland–*Deutschland* 148, Prag–*Tschechien* 150, Tannheimer Tal–*Österreich* 152
NOVEMBER	Dartmoor–*Großbritannien* 158, Lissabon–*Portugal* 160, Miami–*USA* 162, Tel Aviv–*Israel* 164, Udine–*Italien* 166
DEZEMBER	Madeira–*Portugal* 172, Mösern–*Österreich* 174, Rom–*Italien* 176, St. Moritz–*Schweiz* 178

VORWORT

Die Eigenart einer durchschnittlichen Woche ist, dass sie nicht die ganze Woche lang Durchschnitt bleibt. Bereits am Mittwoch, nach nur drei Tagen, so kommt es mir zumindest vor, überschreitet sie ihren Höhepunkt. Dann, am Donnerstag, beginnt sie schon zu straucheln, das ungeschickte Ding, überschlägt sich unschön, um sich schließlich, am nächsten Morgen deutlich lahmend, im Laufe des Freitags vom Acker zu machen: Plötzlich ist da keine Woche mehr; sie hat Platz gemacht – für das Wochenende, das dann wie ein gestrandeter Wal vor uns liegt. Die Kollegen schreien sich ab Mittag mit »Schönes Wochenende!« gegenseitig nach Hause und die Rollkofferrädchen der Pendler klacken auf den Fluren. Mit zermürbender Regelmäßigkeit drängt sich jetzt, wie jede Woche, die Frage auf: »Und? Was machen wir nun?«

Wir könnten: Schuhe kaufen, Zeitung lesen, ausschlafen, gut essen, Fünfzehn-Uhr-Dreißig-Fußballspiele ansehen und literweise Milchkaffee aufschäumen. Die Standardausflugsziele vor der Haustüre anfahren, die Attraktionen der Umgebung ausreizen. Erquickende Meinungsverschiedenheiten mit dem Lebenspartner austauschen. Das ist sicher alles schön.

Nichts aber verschafft uns eine so große Abkehr vom Alltag wie ein Wochenendausflug, die Königsdisziplin unter den Wochenendgestaltungen: dieser Instant-Urlaub, der, anders als eine Reise, wenig organisiert abläuft, eher an ein Hineinstolpern in einen Ort erinnert. Wir starten freitags zeitig und kommen sonntags spät in der Nacht zurück, beladen mit wenig

Gepäck und vielen Eindrücken – der Freund genießt die Stille im dunklen Auto und die freie Autobahn, während die Freundin auf dem Beifahrersitz schon eingenickt ist.

Seitdem das Wochenende vor knapp vierzig Jahren erfunden wurde – bis in die späten sechziger Jahre hinein gab es das Wochenende nicht, da der Samstag ein gewöhnlicher Werktag war – versuchen wir, diese zweieinhalb Tage so perfekt wie möglich zu nutzen. Wir freuen uns auf alles, was bevorsteht, ohne genau zu ahnen, was uns erwartet. Während die Wochentage das strenge Korsett des Lebens bereitstellen, führt sich das Wochenende wie eine übermütige Geliebte auf, die sich die Kleider vom Leib reißt und volle Aufmerksamkeit fordert. Die Zeit wabert, Konturen werden unscharf, Handlungsstränge fließen ineinander. Am Ende eines Wochenendes bleibt das Erstaunen – über unverhoffte, bezaubernde Überraschungen, die einzeln gesehen alle nicht so wichtig erscheinen, zusammen betrachtet aber irgendwie wertvoll sind: Eine Sammlung unzusammenhängender Kleinsterlebnisse, die erst im Ganzen zu einem Sinn finden.

Möglichst viele dieser Überraschungen suchen wir auf unseren Wochenendausflügen. Noch lieber als aufs Land fahren wir Deutschen in die Großstädte, kaum genug können wir davon bekommen: Mehr als die Hälfte aller Wochenendreisen geht nach Berlin, München, Hamburg, Dresden im eigenen Land oder nach Paris, Rom, Wien und Kopenhagen in Europa. Alleine die Nachfrage nach Städtereisen stieg seit Anfang des Jahrzehnts in Deutschland um das Doppelte, wie in der Reiseanalyse der »Forschungsgemeinschaft Urlaub und Reisen e. V.« nachzulesen ist. Und wenn wir diese Orte schon bereist haben? Dann fahren wir weiter, nach Istanbul, Zagreb, Monaco, Oslo, Tel Aviv, Marrakesch, Reykjavik, Athen, Göteborg, Lissabon. Oder nach Kressbronn am Bodensee, Waren an der Müritz, Arrezzo in der Toskana.

Fragt man Hoteliers, was den typischen Wochenendgast ausmacht, charakterisieren die ihn so: Er kommt gerne außerhalb der Reisesaison, ärgert sich nicht über schlechtes Wetter, gönnt sich viel, hat meistens keinen Plan, was er unternehmen möchte – durchaus sympathische Züge also. Man macht ihn zum glücklichsten Menschen der Welt, wenn man ihn abends mit den Worten »Bei uns können Sie so lange frühstücken, wie Sie wollen« ins Bett schickt. Hat ein Liebespaar einmal ein Wochenendritual in seinem Lieblingshotel festgelegt, wiederholt es dies immer wieder. Und so horten Hoteliers heute nicht mehr nur die Sonderwünsche der Gäste in ihren Computern, sondern auch deren Filzpantoffeln, Wollpullis, Sonnenhüte, Ferngläser, Bücher in ihren Kleiderkammern, und halten sie für den nächsten Wochenendbesuch bereit – jene kleinen Begleiter, die ein Wochenende perfekt machen (Vorschläge finden Sie in diesem Buch unter jedem Text). Besonderes erleben wollen Wochenendgäste, in kürzester Zeit, sich aber andererseits auch ordentlich erholen, also macht es ihnen nichts aus, ganz viel zu verpassen, ist ja nur ein Wochenende: Welch zweigeteilte Seele doch in so einem Wochenendausflug wohnt.

Für die wöchentliche Rubrik »Das Perfekte Wochenende« im Magazin der Süddeutschen Zeitung wollten wir auf die andere

Seite, die Essenz des Wochenendausfluges einfangen. Als betreuende Redakteurin dieser Rubrik bat ich die Autoren, uns ganz persönliche Geschichten zu erzählen, ihre Wochenend-Erlebnisse im Suppenwürfelkonzentrat. Oft verwendete ich das Beispiel einer Tasche, die man nach einem gelungenen Wochenende ausleert: Heraus fallen Streichholzbriefchen mit Adressen von Restaurants und Bars, die Visitenkarte eines Modeladens, Muscheln, etwas Sand, ein Weinkorken, ein Zettel mit der Telefonnummer einer Metzgerei, in der es besonders guten Schinken zu kaufen gibt, Aufkleber einer Disko, die Postkarte eines Hotels, in dem man unbedingt Zimmer Nummer 13 buchen muss. Ich bat die Autoren, uns die Geschichten ihrer ausgeleerten Taschen zu erzählen.

Herausgekommen sind über einhundertfünfzig lustige, erstaunliche, manchmal auch nachdenkliche Geschichten – mit vielen Tipps. Die besten dieser Texte finden Sie in unserem Reisekalender, als Anregung für Ihr perfektes Wochenende.

Gute Reise.

Kerstin Greiner, im Juli 2007

Januar
01

Januar

01

02

03

04

05

06

07

08

09

10

11

12

13

14

15

Amalfiküste — ITALIEN

Bei mir zu Hause in England ist es jetzt bitterkalt und nass, aber ich träume schon von einem Wochenende an der Amalfiküste. Die Luft dort riecht nach Zitronen und ein leichter Wind weht. Ich werde im Hotel *San Pietro* wohnen; der Blick über das Küstenstädtchen Positano ist atemberaubend. Das Hotel hat einen Lift direkt zu einem Privatstrand am Meer. Da döse ich den ganzen Samstagmorgen und schaue kleinen Wellen zu. Das ist für mich der perfekte Auftakt für ein wirklich gelungenes Wochenende – ein bisschen schwimmen, ein bisschen essen: Salat mit Rindfleischstreifen, Zitronensaft und Parmesan zum Beispiel – köstlich. Anschließend nach *Capri* rüber! Vom Hafen in Positano kann man ein öffentliches Boot nehmen oder ein Privatboot mieten. Ist nicht billig, aber lässig. Auf Capri werde ich dann tonnenweise Eis essen, es schmeckt überall gleich gut. Zurück in Positano ist Zeit für meinen Geheimtipp: Einer meiner Mentoren, Gennaro Contaldo, ist Koch und kommt aus Italien. Er hat mir einen kleinen Ort in den Bergen über Positano gezeigt: Montepertuso. Im Restaurant *Donna Rosa* gibt es die beste Pasta mit rotem Pfeffer. Zum Nachtisch unbedingt den Orangenkuchen der Mamma probieren. Am Sonntag hänge ich den ganzen Tag auf der Piazza in Positano herum, aber dann, am Abend, werde ich auf keinen Fall das Open-Air-Konzert im Garten der *Villa Rufolo* in Ravello verpassen. Die Bühne ist direkt an den felsigen Abhang gebaut, das Orchester scheint über dem Abgrund zu schweben. Dahinter funkeln die Lichter der Küstenstraße und das Mittelmeer. Meine Frau muss ich natürlich mitnehmen. Meine Kinder Poppy und Daisy bleiben aber in England. Denn zu einem perfekten Wochenende gehört eben auch eine perfekte Nanny.   *Jamie Oliver*

WOHNEN *Il San Pietro di Positano* Via Laurito 2, Positano, Tel. 0039/089/875455, www.ilsanpietro.it, DZ ab 460 Euro **ESSEN** *Donna Rosa* Via Montepertuso, Tel. 811806 **BOOTE** *Schnellboote nach Capri* Bootsverleih am Hafen, Positano, öffentliche Fähre ca. 12 Euro, www.capri.net, www.aliscafi.it **KONZERT** *Garten der Villa Rufolo*, www.ravelloarts.org, Tel. 858149, Karten ab 20 Euro

DER PERFEKTE BEGLEITER Zitronenbonbons von »La Vie«, mit denen man sich bereits während des Fluges nach Neapel auf den Geschmack des Südens freuen kann.

Ötztal — ÖSTERREICH

Armes Murmeltier. Der Winter ist zu mild, die Schneedecke zu dünn, der Winterschlaf wird viel zu unruhig und kurz ausfallen. Im Sommer wollen ihm dann ohnehin schon wieder alle an den Kragen: *Murmeltieröl* ist im Ötztal heiß begehrt. Als Getränk gegen Erkältungen, als Wickel gegen Arthrose und Rheuma, und nun auch noch zum Einreiben bei Massagen im Naturhotel. So nennt Irene Auer ihr Hotel *Waldklause*, das ganz aus Holz gebaut wurde. Die Balken und Bohlen stammen alle von Bäumen, die in einer besonderen Mondphase gefällt wurden. Ob man dran glaubt oder nicht, man schläft jedenfalls sehr gut in so einem Naturhotel. Sicherlich liegt es auch daran, dass das Hotel nicht direkt an der großen Straße durch das Ötztal liegt. Im Sommer fahren da jeden Tag Tausende von Motorrädern in Richtung Timmelsjoch, dem Pass nach Italien, und im Winter die Skifahrer nach Sölden. Das *Naturhotel Waldklause* liegt in Längenfeld, ein gutes Stück vor Sölden, gleich neben der Therme *Aqua Dome*, einem großen Spaßbad mit Schwefelwasser für malade Erwachsene und Riesenrutsche für agile Kinder. Ich war mit meinem Sohn am Abend da, nach einem Tag auf der Piste im *Skigebiet Sölden*, wo es immer genug Schnee zu geben scheint. Es hat uns gut gefallen, doch am nächsten Morgen erzählte uns Frau Auer, dass die Einheimischen nur in Hochgurgl Ski fahren, wegen der noch anspruchsvolleren Pisten. Frau Auer hat uns noch ein paar andere Tipps fürs Ötztal gegeben, von denen wir nur den mit dem Murmeltieröl ignorieren werden. Zum Mountainbiken empfiehlt sie die

16 / *Januar*

Breitlehnalm, zum Wandern im Sommer den Weg auf die Nissl-
alm und dann weiter auf den Gamskogel, wegen des traum-
haften Panoramas auf 2800 Metern und dem Blick übers Ötztal bis hinunter ins Inntal. Etwa drei bis vier Stunden braucht
man für Auf- und Abstieg. Wir nahmen den kürzeren Weg zur
Ambergerhütte, mit Zwischenstation bei Heidelbeeromelette
auf der Sulztaler Alm. Beide sind ganzjährig geöffnet und
von der Amberger Hütte hat man einen großartigen Blick auf
die Gletscher. Im Sommer soll man auf dem Weg auch vielen
Murmeltieren begegnen. *Lars Reichardt*

WOHNEN *Naturhotel Waldklause* Längenfeld, Tel. 0043/5253/
5455, www.waldklause.at, Doppelzimmer ab 190 Euro inkl.
Halbpension für 2 Personen WELLNESS *Murmeltieröl* 125 ml für
42 Euro; *Aqua Dome* Eintritt Therme ohne Sauna ab 14 Euro,
www.aquadome.at SKIFAHREN *Tagesskipass Sölden* ab 39 Euro
AUSFLÜGE *Ambergerhütte* Der Weg führt von Gries aus über die
Sulztaler Alm hoch, die Amberger Hütte ist das ganze Jahr
über geöffnet. Im Winter auch für Schneewanderungen geeig-
net. Tel. 5605, www.dav-amberg.de

DER PERFEKTE BEGLEITER dicke Filzpantoffeln, entweder das
Urmodell von »Stegmann« (das erste Paar wurde bereits 1888
hergestellt) oder ein Paar Pampuschen der Münchener Designerin Julia Gensel – Hausschuhe, die den Morgenrock zum
Abendkleid machen.

San Bernardino — SCHWEIZ

Das Schönste am Skigebiet San Bernardino ist die Stille. Kein »Anton aus Tirol« aus Plastik-Schnapsbars am Pistenrand, keine x-füßigen Proleten auf Spaßskiern und keine Menschen mit Motiv-Mützen. Nur ein paar altmodisch quietschende Lifte, die grandiose Bergkulisse und der beste Schnee im Kanton Graubünden. Wer nicht gerne Ski fährt, läuft auf der *Natureisbahn* Schlittschuh oder wandert auf einem der vielen Winterwanderwege. Der schönste führt um den Gebirgssee Lago Doss, der die Form eines kleinen Tropfens hat und auf 1652 Meter Höhe liegt. Auch eine gespurte Loipe führt um ihn herum. Das Dorf liegt gleich dort, wo der San-Bernardino-Tunnel die Autos wieder ans Tageslicht spuckt. Vom Verkehr hört und sieht man aber nichts. Es gibt drei Hotels am Ort, das »Bellevue«, das »Brocco e Posta« und das *Hotel Suisse*. Die Zimmer im »Suisse« sind sicher die bescheidensten, ohne Fernseher und mit klapprigen Fenstern. Doch nirgendwo fühlt man sich so aufgehoben wie unter den Fittichen dieser besonderen Belegschaft. Beim ersten Blick in die Speisekarte ist klar, dass es in nächster Zeit nichts wird mit der »Sommerfigur«, auf die mein Freund seit dem letzten Frühling vergeblich wartet: Maronensuppe, Kalbskotelett mit Rösti, Ravioli mit Wildpaste gefüllt und in Salbeibutter geschwenkt. In der Hotelbar herrscht auch im Winter durch eine surrende Vitrine mit Obstkuchen, Espressogeruch und dezente Neonbeleuchtung sommerliche Atmosphäre. Abends findet sich dort immer dieselbe Runde zusammen: der müde Koch, die schwermütige Bedienung, der dicke Wirt und ein, zwei rauchende Männer aus dem Dorf. Wir trinken *Fendant-Wein*, starren zufrieden an die Wand und versuchen dem Koch die Käse-Zusammensetzung des Fondues mit Steinpilzen zu entlocken, vergebens natürlich, Betriebsgeheimnis! Es hätte ewig so weitergehen können, aber leider wollen sie alle in einem Jahr weg: Der Koch schimpft auf die Schweizer Politik und will sich samt Frau nach Thailand absetzen, die Bedienung mit den schwarzen Augen schwärmt von München und der dicke Wirt kann es kaum erwarten, bis er einen Käufer für das Hotel gefunden hat. Er mag die Berge nicht und auch nicht den Schnee. Sicher wird unser Lieblingshotel nur an einen besonders netten Menschen verkauft – trotzdem: Sie sollten sich beeilen! *Franziska Storz*

WOHNEN Alle Hotels in San Bernardino (1626 Meter) unter www.sanbernardino.ch; *Hotel Suisse*, Tel.0041/91/8321662, DZ 64 Franken, EZ 54 Franken **SKIFAHREN** San Bernardino Bergbahnen, Tageskarte 39 Franken; Pisten und Wetter Tel. 8228383 **SKIVERLEIH** Lumbreida Sport, Tel. 8321567 **EINKAUFEN** *Fendant* aus dem Wallis gibt es im Dorfladen bei Lebensmittel Denner **AUSFLÜGE** *Natureisbahn* Eintritt 5, Kinder 3 Franken; Karte mit allen Winterwanderwegen bei San Bernardino Vacanze, Tel. 8321214

DER PERFEKTE BEGLEITER ein Bernardiner-Hund mit melancholischem Blick, der vom Meer träumt.

Weissensee — ÖSTERREICH

Der kleine schmale Weissensee in Kärnten friert jedes Jahr schon im November zu. Mit klarem Spiegeleis, wenn es vorher noch nicht geschneit hat, und so zuverlässig, dass holländische Schlittschuhfahrer mit ihrer Elf-Städte-Tour schon seit mehr als zehn Jahren nach Kärnten ausweichen, weil die Grachten meist nicht mehr zufrieren. In der ersten Februarwoche ist der Weissensee deshalb okkupiert. Von hunderten Holländern, die eisern für ihren 200 Kilometer langen Schlittschuhmarathon trainieren. An den Wochenenden davor ist der See nie überlaufen und man bekommt auch kurzfristig ein gemütliches Zimmer bei Frau Cieslar im *Seehotel Enzian*, mit Après-Schlittschuh am Kamin und Sauna im Bootshaus. Im *Ronacherfels* soll man selbst über die Weihnachtsfeiertage noch einen Platz finden. In dem idyllisch einsam gelegenen Restaurant direkt am östlichen Seeufer isst man sehr gut frische Renken aus dem See. Man darf sie im Sommer auch selbst fangen, mit einer Fischergastkarte, die man fürs Wochenende bei der Gemeinde kaufen kann. Aber im Winter kommt man natürlich, um Schlittschuh zu fahren. Sogar als blutiger Anfänger, am besten mit einer Einzelstunde bei *Balint Kutas*, das reicht selbst für ungeschicktere Leute. Herr Kutas hat einmal die ungarische Olympiamannschaft trainiert, verkauft im Sommer in Wien Antiquitäten und überwintert am Weissensee. Der holländische Schuhmacher *Arno Van Dijk* reist auch schon an Weihnachten an. Herr van Dijk wohnt meist samt seinem Werkzeug in einem Wohnwagen und bringt dort auch die ältesten Kufen wieder zum Laufen. Leihen kann man die Schuhe bei ihm natürlich auch. Ein eigener Eismeister präpariert die Bahnen auf dem See. »So gut, wie man Natureis sonst nur in Skandinavien zu hobeln weiß«, sagt Herr Kutas. Die Gemeinde Weissensee hat sogar der Bitte seitens der Holländer entsprochen, den Preis des Marathons nicht durch den Kärntner Landeshauptmann zu überreichen. Den Jörg Haider mögen die Holländer nämlich nicht besonders.

Lars Reichardt

WOHNEN *Seehotel Enzian* Neusach am Weissensee, Tel. 0043/ 4713/2221, DZ ab 65 Euro **ESSEN** *Ronacherfels* Tel. 2172, www. ronacherfels.at **SCHLITTSCHUHFAHREN** bei *Balint Kutas* Einzelunterricht 25 Euro, Tel. 676/7171778 **SCHLITTSCHUHMACHER** *Arno Van Dijk* hat seinen Wohnwagen meist vor dem Hotel Neusacherhof stehen, Tel. 653/348392 **FISCHERGASTKARTE** Touristikbüro Weissensee, 17 Euro pro Tag, Tel. 4713/222032

DER PERFEKTE BEGLEITER die eigenen alten Schlittschuhe, auch wenn sie vielleicht schon ein bisschen verstaubt sind.

Februar
02

Februar

01

02

03

04

05

06

07

08

09

10

11

12

13

14

15

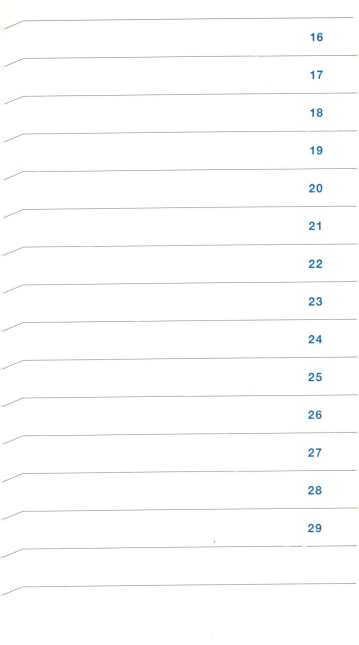

Marrakesch — MAROKKO

Es gibt einige Welten, die komplett anders sind als unsere, aber nur wenige erreicht man in knapp drei Stunden. Noch bevor der Flug lästig wird, landet man in Tausendundeiner Nacht und den tausendundeine Möglichkeiten, dafür zu bezahlen. Nichts ist in Marrakesch so relativ wie der Preis, aber es gibt Orientierungshilfen. Die Preise sind in vier Kategorien aufgeteilt: 1. für Marokkaner; 2. für in Marokko lebende Ausländer, 3. für Touristen, 4. für Japaner. Nur in der ersten Kategorie gibt es Dinge, die einen Dirham kosten. Die Banane zum Beispiel. Aber Schuheputzen kostet auch den Marokkaner schon drei Dirham, den Touristen zehn, den Japaner zwanzig. Wer ohne nach den Preisen zu fragen fünf Dirham dafür bezahlt, wird als ortskundig akzeptiert. Dasselbe gilt für ein beherztes Angebot über fünfzig Dirham für die Taxifahrt vom Flughafen zum *Les Couleurs de L'Orient*. Das wahrscheinlich beste Hotel im Herzen der alten Stadt, weil es einen großen Innenhof hat und der Ausblick von der Dachterrasse auf andere Dächer, etwas weiter entfernte Paläste und Palmenhaine spektakulär ist. Für das mit städtebaulichen Mitteln erzählte Märchen, das Sie empfängt, wenn Sie zum ersten Spaziergang ansetzen, gibt es eigentlich keinen speziellen Tipp, weil jeder Meter in den Gassen tippwürdig ist, jede Ecke, jedes Treppchen; es werden Ihnen Schleier begegnen, hinter denen Diebinnen lächeln, und Kapuzenmänner im Gegenlicht, und damit sind Sie voll und ganz den ersten Tag beschäftigt, sowie den zweiten und den dritten. Aber wo gehen Sie essen? Es gibt im Zentrum der Stadt den

Jemaa el Fna. Der Platz ist Weltkulturerbe und nicht zu verfehlen, es will eh jeder hin, so ab dem späten Nachmittag. Hin zum Jemaa el Fna, das stimmt, auf den Jemaa el Fna stimmt nicht. Weil dieser Platz pro Quadratmeter die höchste Dichte an Schlangenbeschwörern im ganzen Orient hat, genießt man das gern mit ein bisschen Abstand. *Des Artistes* ist ein kleines Restaurant am Rand, die Tische draußen sind noch immer nah dran, die Speisekarte bietet Pommes & Co., frische Salate, herzhaftes Rind, alles auf sauberer Basis. Und alle, die hier arbeiten, sind Mitglieder einer marokkanischen Akrobatenfamilie mit internationalem Erfolg. In Monaco Preise gewonnen, in Berlin überzeugt. Die Pyramide war ihr Ding. Die Starken (die die anderen auf ihren Schultern trugen) hacken Fleisch in der Küche, die Leichten (mit dem guten Gleichgewichtssinn) kellnern wie der Wind.

Helge Timmerberg

HOTEL *Les Couleurs De L'Orient* 22 Riad Zitoune Lakdim, Derb Lakhdar, Marrakesch, Tel. 00 212 / 0 44 42 6 513, www.ifrance.com/couleursorient **ESSEN** *Des Artistes* Medina am Jemaa el Fna

DER PERFEKTE BEGLEITER Musik der »Master Musicians Of Joujouka«: Boujeloud (Sub Rosa). Rhythmen und Flötentöne eines legendären Ensembles, das schon in den Sechzigern bei Hippies und Beatniks populär war. Oder das Buch »Die Stimmen von Marrakesch – Aufzeichnungen nach einer Reise« von Elias Canetti, erschienen im Hanser Verlag.

Gstaad — SCHWEIZ

So also sieht Schweizer Understatement aus: Die Damen tragen tagsüber nur Kaninchenfell, setzen sich in *Charly's Tea Room* und schauen den Herren beim Curling auf der gegenüberliegenden Eisbahn zu. Entspannend ist das allemal. In Gstaad, heißt es, verstecke sich die Prominenz in ihren Chalets, denen die örtliche Bauordnung nur kleine Unterschiede erlaubt. Umso auffälliger deshalb das *Palace Hotel*, mit vier Stockwerken und einem Turm, wie ihn sonst nur Burgen haben. Seit den Zeiten, als Richard Burton und Elizabeth Taylor in Gstaad Urlaub machten, hat sich im »Palace« scheinbar nicht viel verändert. Sehr nett zum Tee- oder Whiskytrinken. Die Fußgängerzone von Gstaad muss man nicht unbedingt gesehen haben. Nur die *Käsekathedrale* mit ihren Käsespezialitäten. Und natürlich die Schokolade bei *Feinkost Pernet*. Irgendwann wurde das Understatement den Bürgern von Gstaad wohl selbst zu fad, deshalb haben sie sich wenige Kilometer weiter am *Gletscher Glacier 3000* von Mario Botta ein Bergrestaurant auf 3000 Meter Höhe bauen lassen. Die glitzernde Konkurrenz in St. Moritz hat dafür schließlich Sir Norman Foster engagiert. Die Seilbahn vom Glacier 3000 hält direkt im Gletscher-Restaurant-Komplex. Aber man kommt nicht wegen des Essens, auch nicht wegen der schönen Pisten, sondern wegen des umwerfenden Panoramablicks auf Berner, Waadtländer und französische Alpen. Bei klarem Wetter ist sogar der Mont Blanc zu sehen. Jetzt ist Gstaad zwar pleite, aber Gott sei Dank ist Bernie Ecclestone mit ein paar Millionen eingesprungen.

Bernie Ecclestone führt in Gstaad auch selbst ein Hotel, aber am schönsten wohnt man in Lenk, ein Dorf weiter, im *Lenkerhof*, einem alten Kurhotel, mit einer Therme, die sich aus sieben Quellen speist. Vom warmen Außenpool blickt man in die Berge, von der Sauna durch eine Glasscheibe auf die Piste, und bei den Schweizer Spezialitäten im Hotelrestaurant Spettacolo ist dann wirklich Schluss mit Understatement.

Lars Reichardt

WOHNEN *Lenkerhof Alpine Resort* Lenk im Simmental, Tel. 0041/ 33/73 63 636, www.lenkerhof.ch, DZ ab 210 Euro pro Person inkl. Halbpension; *Hotel Palace* Tel. 748 5000, www.palace.ch TEESTUBE *Charly's Tea Room* Tel. 744 15 442 EINKAUFEN *Käsekathedrale* Bissen, nur auf Voranmeldung, Tel. 744 6832; *Feinkost Pernet* Promenade, Tel. 748 7066 AUSFLUG *Gletscher Glacier 3000* Les Diablerets, Tel. 24/49 22 814, Tagespass 55 Franken

DER PERFEKTE BEGLEITER die schwarze American Express Karte.

Februar / **29**

Karlsbad — TSCHECHIEN

Gute Gründe für ein Wochenende im tschechischen Karlsbad
gibt es genug: Goethe war hier, vor der Touristeninformation
steht eine fünf Meter hohe Schnapsflasche und durch die Straßen laufen stark dekorierte Russinnen mit Pelzmützen. Wem
das nicht genügt, der kann auch wegen der Heilquellen hierher
kommen: Zwölf gibt es insgesamt, die wärmste 72 °C heiß, wes-
wegen die Russinnen zwischen den Jugendstilfassaden nicht
nur mit Louis-Vuitton-Taschen herumspazieren, sondern auch
Schnabeltassen aus Porzellan in der Hand halten, um hin und
wieder ein Schlückchen zu sich zu nehmen. Wir wohnen im
neuen *Carlsbad Plaza Hotel* direkt gegenüber dem besten Hotel des Ortes, dem *Grandhotel Pupp*, wo während der Filmfest-
spiele sogar Hollywood-Stars einchecken. Vorteil des »Plaza«:
Der Wellnessbereich mit Pool und sechs Saunen. Vorteil des
»Pupp«: Es hat mehr Klasse, mehr Eleganz. Nachteil beider:
Sie sind selbst für westliche Verhältnisse teuer. Um Geld zu
sparen, gehen wir zum Essen in die Stadt, einmal ins *Restaurace Galerka*, eine bürgerliche Gaststube, wo das Bier günstig ist,
aber genauso gut schmeckt wie in Bayern, und am Tag darauf
ins *XXX Long*, zu einem Italiener, bei dem in schwarzen Tonscha-
len Minestrone serviert wird. Tagsüber kaufen wir Seifen, Öle,
Tees und Kräutermischungen bei *Botanicus*, dann spazieren wir
durch die Wälder rund um Karlsbad. Fährt man gleich rechts
vom »Pupp« mit der *Gleisseilbahn Diana* auf die Freundschafts-
höhe, findet man auf insgesamt 130 Kilometern Wanderrouten
ausgeschrieben. Einer der Wege führt zu einem Aussichtsturm,

von dem wir einen schönen Blick aufs Erzgebirge haben. Am Sonntag besuchen wir dann das *Thermalbad*, wo wir unter freiem Himmel zwischen sozialistischen Betonmauern schwimmen. Abends führt kein Weg am Casino des »Pupp« vorbei. Eine bessere Mischung aus neureichen Sonderlingen, spielsüchtigen Blondinen und echten Gentlemen trifft man sonst nirgends. Außerdem geht ein Traum in Erfüllung: Man kann 1000er-Jetons auf seine Glückszahl setzen, ohne Haus und Hof zu verspielen. Der tschechischen Krone sei Dank. *Tobias Haberl*

WOHNEN *Carlsbad Plaza Hotel* Mariánskolázenská 23, Tel. 00420/353/225502, www.edenhotels.cz, DZ ab 140 Euro; *Grandhotel Pupp* Mírové námestí 2, Tel. 109630, www.pupp.cz, DZ ab 270 Euro **ESSEN** *Restaurace Galerka* Na Vyhlídce 93/50, Tel. 230172, www.restaurace-galerka.cz; *XXX Long* Vrídelní 23/94, Tel. 224232 **AUSFLÜGE** *Gleisseilbahn Diana* rechts neben dem Grandhotel Pupp; *Thermalbad* Pavlova 11, Tel. 359/001111, www.thermal.cz **SHOPPEN** *Botanicus* Mariánskolázenská 15

DER PERFEKTE BEGLEITER »Casino Royale«, der längste aller Bond-Filme – gedreht wurde er am Originalschauplatz des *Grandhotel Pupp*.

Schnalstal — ITALIEN

Wir müssen dahin, wo es knurrt. Das Mädchen und ich stehen im Südtiroler Schnalstal, es ist dunkel, hinter uns liegen vier Stunden Autofahrt, vor uns Hofhund Penny. Zum Glück geht die Stalltür auf und Bauer Tappeiner tritt heraus, aus dem Hofhund wird ein Schoßhund und wir ziehen den Rollkoffer über geeiste Kuhfladen auf den *Oberniederhof*. In Mauern aus dem 16. Jahrhundert ist dort unsere Ferienwohnung eingerichtet, vorzügliches Hüttenschuhrevier. Es riecht nach Speck und warmer Milch, denn zum Empfang kriegen wir einen Teller hofeigener Produkte – *Urlaub auf dem Bauernhof* bedeutet auch Urlaub in der Speisekammer. Nachts muss das Mädchen zweimal das alte Holz beruhigen, das aufgeregt ächzt, und der Samstag beginnt mit zwei Überraschungen: Nicht der Hahn weckt uns, sondern die Schafe, und die Aussicht auf das Bergdorf »Unser Frau« ist noch schöner als die Aussicht auf die extra für uns gelegten Hühnereier zum Frühstück. Danach schüchtern uns auch die Daten des zehn Kilometer entfernten *Ortler-Skigebiets* nicht mehr ein: Gondelverkehr zwischen 2010 und 3258 Meter, acht Kilometer lange Schmugglerabfahrt, zwölf Monate im Jahr Ski fahren auf dem Gletscher. Natürlich könnten wir auch in den *Archeoparc* gehen und alles über den Ötzi erfahren, der dort weit über dem Talboden gefunden wurde. Wir verschieben das aber auf Wenn-wir-Kinder-haben und kaufen lieber ein paar Flaschen Südtiroler Vernatsch und Kaminwurzen für daheim. Petra, die Bäuerin vom Oberniederhof, empfiehlt das *Ristorante Grüner* im nächsten Dorf mit den Worten: »Da gehen die

Einheimischen hin.« Dass es außerdem in den Resten eines Berg-
klosters liegt und seine Speckknödel süchtig machen, finden
wir selbst heraus. Der Muskelkater, mit dem wir am Sonntag
die Talstraße wieder hinabfahren, verlangt nach einem Besuch
in der neuen *Supertherme* in Meran von Architekt Matteo Thun.
Das Mädchen kann da italienische Bademeister begucken, während wir durch die 25 Pools treiben, die schneebedeckten Gipfel im Blick. Wie es sich dort oben anfühlt, erfahren wir in der
Schneekammer, die zum Sauna-Areal gehört. Echter Schnee
fällt da von der Decke, das glaubt uns daheim doch wieder
keiner. Genau wie die Geschichte von den Kaminwurzen, die
eigentlich als Mitbringsel gedacht waren. Kurz vorm Brenner
hatten wir sie aber restlos aufgegessen.   *Max Scharnigg*

WOHNEN *Oberniederhof* Unser Frau 34, Schnalstal, Tel. 0039/
0473/669685, www.oberniederhof.com, 70–85 Euro pro Tag;
Urlaub auf dem Bauernhof www.roterhahn.it ESSEN *Ristorante
Grüner* Tel. 679104, Karthaus, www.restaurant-gruener.com
AUSFLÜGE *Skigebiet Schnalstal* Tel. 662171, www.ortlerskiarena.
com, ab 27 Euro; *Archeoparc Schnals* Unser Frau 163, Tel. 676020,
8 Euro, www.archeoparc.it; *Therme Meran* Thermenplatz 9, Meran,
Tel. 252000, www.thermemeran.it, ab 11,50 Euro, täglich geöffnet von 9.00 – 22.00 Uhr

DER PERFEKTE BEGLEITER Hundeleckerli, die außergewöhnlichs-
ten gibt es bei Dogma Lifstyle.

März
03

März

01

02

03

04

05

06

07

08

09

10

11

12

13

14

15

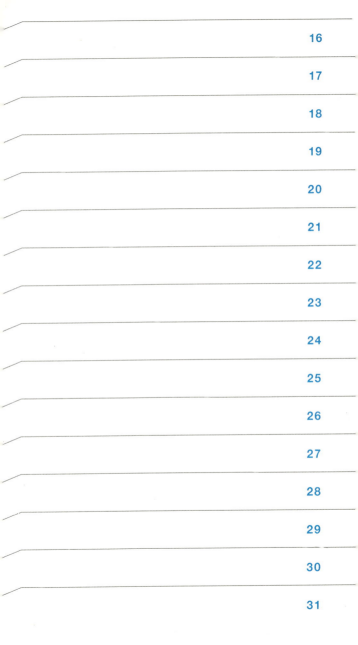

Bezau — ÖSTERREICH

Mitten im Bregenzer Wald, dort wo sich moderne Holzhäuser
an alte Bauernhöfe schmiegen, gibt es einen Ort mit Zauberkraft: Auf einer weiten Ebene umschlossen von Bergen liegt das
kleine Dorf Bezau. An der Hauptstraße steht seit mehr als 150
Jahren das *Hotel Post*. Dort setzt die Chefin Susanne Kaufmann
alles daran, dass der Bezau-Zauber wirken kann. Während man
zum Beispiel ein paar Züge im Pool schwimmt, bereitet ein
Spitzenkoch das Essen: traditionell österreichisch und außergewöhnlich gut. Die Menüs machen satt und zufrieden, niemals
voll und träge. Während das Personal beim Spa-Besuch im
Vorarlberger Dialekt die beruhigende Wirkung von Johanniskraut und Calendula erklärt, werden der Rücken oder die Re-
flexzonen der Füße massiert. Alle Cremes und Öle hat Susanne
Kaufmann zusammen mit einem Bauern aus der Umgebung
entwickelt. Die Produkte sind aus natürlichen Inhaltsstoffen
und Kräutern aus dem Bregenzer Wald hergestellt, nach altem
Wissen von den Heilkräften der Pflanzen. Versuchen Sie ja
nicht, irgendetwas zu planen an diesem Wochenende. Lassen
Sie einfach alles auf sich zukommen. Wenn Sie das Bedürfnis
haben spazieren zu gehen, gehen sie hinter der Seilbahnstati-
on auf den Berg hinauf. Nach eineinhalb Stunden weitet sich
der Blick, am Horizont nur Berge. Sie haben eine anstrengende
Woche in Ihren Gliedern sitzen und der Berg erscheint Ihnen
plötzlich viel zu hoch: kein Problem – benutzen Sie an der Mittelstation die Seilbahn zum Gipfel. Der Aufstieg hat Sie hungrig
gemacht? Ein Teller Krautspätzle im *Berghaus Sonderdach* wird

gut tun. Legen Sie sich noch ein bisschen in die Sonne oder machen Sie einen Spaziergang über die Wiese auf dem Plateau; wenn Ihre Knie es aushalten, laufen Sie hinunter, wenn nicht fahren Sie mit der Seilbahn bergab. Für all das müssen Sie nicht die Bergschuhe eingelaufen haben, Turnschuhe reichen, Sie brauchen keinen Bergführer und müssen das Auto nicht bewegen. Sollte es regnen, wärmen Sie sich im Freiluft-Whirlpool des Hotels, Naturfreunde betrachten von dort die Berge. Irgendwann wird der Zeitpunkt der Abreise kommen. Um den Abschied zu erleichtern, hat sich Susanne Kaufmann etwas einfallen lassen: Die Zauberkraft von Bezau gibt es zum Mit-nach-Hause-Nehmen. Montagmorgen dann, unter der Dusche beim Haarewaschen, duftet es nach Johanniskraut, und sofort stellt sich das Gefühl vom Wochenende ein: Alles ist richtig, alles stimmt, egal wie ich mich entscheide. *Julia Decker*

WOHNEN *Hotel Post* Familie Kaufmann, Brugg 35, 6870 Bezau, Österreich, Tel. 0043/5514/2207-0, www.hotelpostbezau.com, Doppelzimmer mit Halbpension ab 102 Euro **ESSEN** *Berghaus Sonderdach* Sonderdach 387, 6870 Bezau, Tel. 664/9150691, Krautspätzle nur bis 14.00 Uhr **KOSMETIK** *Susanne Kaufmann* Tel. 2207-58, www.susannekaufmann.com.

DER PERFEKTE BEGLEITER eine Nackenrolle des Berliner Designlabels »Sai So«. Alle Einzelstücke der Interior-Kollektion sind aus Kimono-Seide handgefertigt.

Chalkidiki — GRIECHENLAND

Mein Freund wirkte in letzter Zeit etwas abgespannt, zu viel Extraarbeit. »Ich bin müde«, sagte er Donnerstagabend zu mir und guckte blass aus seinem hellblauen Hemd heraus. »Dann bring ich dich am Wochenende an einen Ort, wo die Sonne scheint und die Strände lang und weiß sind«, antwortete ich und buchte für den nächsten Tag zwei Billigflugtickets nach Thessaloniki auf die griechische Halbinsel Chalkidiki, von der drei Inselfinger ins Meer ragen: Einer davon heißt Kassandra. Dort haben ein paar reiche griechische Brüder eine Ferienanlage ganz nach ihrem Gusto gebaut, was bedeutet, dass die Strände weißer sind als die in Miami, die Pools größer als die in Las Vegas und der Hafen, um den sich die Hotelgebäude gruppieren, noch pittoresker wirkt als der von St. Tropez. Weil die Griechen ja gut im Bauen von spektakulären Gebäuden sind, besteht das *Sani Resort* gleich aus vier Luxushotels, zwei Spas, 31 Restaurants, einer Marina für 215 Schiffe und einem Naturpark mit Vogelbiotop – all das sieht aus wie eine gut gemachte Ferienkulisse, in der mein geschaffter Freund mit einem Golfwägelchen herumfahren und sich Getränke aus den eiswürfelgefüllten Badewannen am Strand nehmen kann. Im Gegensatz zu anderen griechischen Orten gibt es hier aber nichts, was alt ist. Um etwas wirklich Altes zu sehen, muss man das Resort verlassen, zum Beispiel um die orthodoxen Mönche auf dem heiligen *Berg Athos* zu besuchen, aber das dürfen nur Männer. Mein müder Freund braucht an diesem Wochenende aber meine Stütze, deswegen fahren wir gemeinsam in den kleinen Strandort *Afitos*, besichtigen den

40 / *März*

Wasserschildkrötensee bei *Polichrono* und bestaunen die schöne Natur auf der Halbinsel *Sithonia*. Zurück in der Ferienanlage essen wir im *Waterfront-Restaurant* zu Abend, wo wir auf weißen Sofas liegen und Schiffe beim Anlegen beobachten. Das Gesicht von meinem Freund ist nicht mehr blass, sondern rot, und als wir der Sonne dabei zusehen, wie sie von den Schiffsmasten geschubst wird, entdecken wir von unserem Platz aus doch noch etwas sehr Altes: Ganz hinten am Horizont zeichnet sich der Olymp ab, nicht als Kulisse, sondern wirklich.   *Kerstin Greiner*

WOHNEN *Sani Resort* Kassandra, Chalkidiki, Tel. 00 30/23 740/ 99 500, www.saniresort.gr, Doppelzimmer im Vier-Sterne-Haus ab 110 Euro, Fünf-Sterne-Hotel ab 182 im Doppelzimmer **AUSFLÜGE** Besuch des *Berg Athos* nur mit Genehmigung des Holy Executive of the Holy Mount Athos Pilgrims' Bureau, Egnatia 109, 54635 Thessaloniki, Tel. 00 30/ 23 10/25 25 78 (unbedingt vier Wochen vor der Reise beantragen); *Afitos* und *Sithonia* mit Taxi oder Mietwagen; Wasserschildkrötensee am Ortsausgang von *Polichrono*, auf handgemaltes »Turtles«-Schild achten

DER PERFEKTE BEGLEITER die Prometheus-Sage: Griechische Sagen, 5 Hör-CDs, erschienen bei Dhv der Hörverlag oder »Über die Welt« von Aristoteles, erschienen im Reclam Verlag. Der griechische Philosoph und Naturwissenschaftler wurde 384 v. Chr. in Stagira auf Chalkidiki geboren.

Côte d'Azur — FRANKREICH

Wie man in einer Salatschüssel schwimmen lernt, hat er schon Paul McCartney beigebracht. Schwimmen, sagt Pierre Gruneberg, fange beim Atmen an, und zwar am besten in einer mit Wasser gefüllten Salatschüssel. Da tunkt man den Kopf hinein und lernt auszuatmen ohne Furcht. Paul McCartney hat auf diese Weise schwimmen gelernt, auch Tina Turner, Charlie Chaplin oder Pablo Picasso, der eine Friedenstaube ins Gästebuch gemalt hat. Pierre Gruneberg arbeitet als Bademeister für Schöne und Reiche, was viel über Saint-Jean-Cap-Ferrat sagt. Der Ort auf der Halbinsel Cap-Ferrat an der Côte d'Azur war und ist einer der teuersten Landstriche Frankreichs. Pierre Gruneberg arbeitet hier seit mehr als 50 Jahren am Pool des *Grand-Hotel du Cap-Ferrat* und lehrt diejenigen schwimmen, die das Geld für das Hotel oder zumindest 60 Euro für eine Tageskarte am Pool haben. Wer mag, bekommt in dem Ort aber auch schon für 59 Euro ein Zimmer (zum Beispiel im *Hotel L'Oursin*). Genau in der Mitte der Halbinsel liegt sogar das wahrscheinlich preiswerteste Hotel von Güte an der Côte d'Azur, das *Clair Logis* nahe zweier Strände: einem hässlichen am Hafen und einem schönen, etwa 25 Prunkvillen davon entfernt. Beide kosten keinen Eintritt und auf dem Weg zum schönen »Paloma«-Strand findet sich alles, um den überteuerten Restaurants an der Hafenpromenade zu entgehen: zuerst die namenlose Bäckerei, dann die *Bar du Port* und schließlich das Restaurant *Capitaine Cook*. Hier gibt es die beste Fischsuppe der Halbinsel mit Knoblauch. Damit man danach nicht stinkt, kommt der Chef mit einem Eisklotz an den Tisch, in den er eine Flasche Likör eingefroren hat. Wer dann noch wissen will, wie die Millionäre leben, sollte die *Villa der Baronin Béatrice Ephrussi de Rothschild* besichtigen, die heute ein Museum ist – oder Pierre Gruneberg besuchen und seinen Geschichten zuhören. Zum Beispiel, wie Paul McCartney »Yellow Submarine« in die Salatschüssel blubberte.

Roland Schulz

WOHNEN *Grand-Hotel du Cap-Ferrat* Boulevard Général de Gaulle 71, Tel. 0033/4/93765050; *Hotel L'Oursin* Avenue Denis Séméria 1, Tel. 93760465; *Clair Logis* Av. Centrale 12, Tel. 9376 5181 **ESSEN** *Bar du Port*, *Capitaine Cook* beide Avenue Jean Mermoz **ANSCHAUEN** *Fondation Ephrussi de Rothschild* Avenue Ephrussi de Rothschild

DER PERFEKTE BEGLEITER Musik von den Beatles: Yellow Submarine, Parlophone (EMI).

Paris — FRANKREICH

Ein Wochenende in Paris ohne Geld – das hat was von Bohème. Meine Freundin Marina lebt das ganze Jahr in Paris und hat nie Geld. Sie wohnt in einem dieser Appartements, in denen das Bett neben der Dusche steht, auf zwölf Quadratmetern. Wenn ich sie besuche, wohne ich lieber im *Hotel Esmeralda*, wo die Zimmer klein, die Grand Lits weich und die Glocken von Notre-Dame laut zu hören sind, man sich aber fühlt wie Jean Seberg in »Außer Atem«. Natürlich weiß Marina, wie man in Paris ein schönes Wochenende verbringt, auch wenn man sich keine Suite im *George V* leisten kann, dem schicksten Hotel der Stadt. Zuerst schlendern wir über den *Marché de Belleville*, wo ich roten Harissa bei einem algerischen Händler kaufe, der vom vielen »unero«-Schreien schon heiser ist. Seit mehr als 100 Jahren verkaufen Pariser Studenten ihre Bücher im *Bourse des Livres* für drei Euro das Stück und immer kaufe ich dort viel zu viele. Danach gehen wir zu *Mamie*, wo wir alles finden, was französische Großmütter in den zwanziger Jahren getragen haben. Abends bringt mich Marina ins *Tribal Café*, wo das Bier in Pintes ausgeschenkt wird, was in Paris eine kleine Sensation ist; außerdem gibt es jeden Abend um 21 Uhr Essen für alle umsonst; freitags und samstags Couscous, Hühnchen und Gemüse. Am nächsten Tag spazieren wir durch den schönsten Park von Paris, die »Buttes de Chaumont«: mit Wiesen, Wasserfall und einem Hügel, von dem aus man Paris sieht. Abends fahren wir nach Saint Germain, ins *Chez Georges*. In dieser Weinbar hat sich seit den Fünfzigern kaum etwas verändert. Als wir

44 / *März*

ankommen, sind im Gewölbekeller unter der Bar schon die schweren Holztische zur Seite geschoben und alle tanzen. Für den Heimweg hat Marina genug Eclairs von *Saffray* eingepackt, so dass wir mit Schokoladenmündern nach Hause laufen und dabei zusehen, wie Paris erwacht.   *Sophie Burkhardt*

WOHNEN *Hotel Esmeralda* 4, rue St Julien le Pauvre, Tel. 0033/ 1/43541920, DZ ab 85 Euro; *Four Seasons Hotel George V* 31, avenue George V, Tel. 1/49527000 SHOPPEN *Marché de Belleville* Di und Fr 7.00–14.30 Uhr; *Bourse des Livres* Gibert Jeune, 2. place de Saint Michel, www.gilbertjeune.fr, Mo–Sa 9.30–19.30 Uhr; *Mamie* 73, rue de Rochechouart, Di–Fr 11.00–13.30/15.00–20.00 Uhr, Sa und Mo 15.00–20.00 Uhr; *Saffray* 18, rue du Bac ESSEN *Tribal Café* 3, cour des Petites Ecuries, Pinte 3 Euro TANZEN *Chez Georges* 11, rue des Canettes, Rotwein 1,40 Euro

DER PERFEKTE BEGLEITER Musik von Serge Gainsbourg: Du Jazz Dans Le Ravin (Universal). Mit diesen Songs aus den Fünfzigern und frühen Sechzigern bekennt der große Provokateur des Chansons seine Liebe zum Jazz.

April
04

April

01

02

03

04

05

06

07

08

09

10

11

12

13

14

15

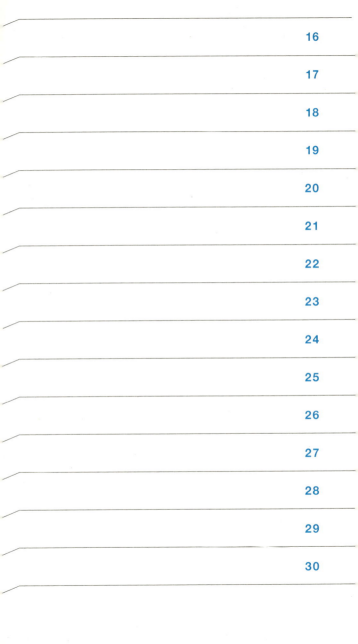

Istanbul — TÜRKEI

Vom Flughafen fahren Sie am besten ins *Grand Hotel Londra*. Die Zeiten von »Grand« sind zwar ein bisschen vorbei, aber der Ausblick über das Goldene Horn bleibt weiterhin das Beste für die Gäste. Und nur die großen Zimmer nehmen – die kleinen den Feinden empfehlen. In einem von den großen wurde »Gegen die Wand« gedreht und es ist noch immer nicht renoviert. Nach dem Frischmachen braucht man nur ein paar Schritte zu gehen, nach rechts vom Hotel aus gesehen, und man ist in dem Labyrinth der Restaurants von Taxim. Super Stadtteil, super Name. Fällt einem in jedem Taxi wieder ein. Die Tische stehen auf den Gassen, die Küchen bieten türkische Hausmannskost und die Musikclubs zwischen den Restaurants sind für alle interessant, die nach Mitternacht noch nicht zu müde sind. Nur eine Löwenmilch im *Hayal Kahvesi* trinken, o.k., und morgen Abend wieder kommen! Der Club ist klein, überschaubar, geschmackssicher, strikt Rock 'n' Roll. Die Bands spielen ausschließlich Klassiker, bei denen man mitsingen kann. Man kommt nicht nach Istanbul, um Rock 'n' Roll zu singen? Stimmt. Aber er ist nicht schlecht, Jazz auch nicht. Egal ob Reggae, Techno, Blues oder Flamenco, sie machen es gut: weil Türken gut feiern und Istanbul eben eine Weltstadt ist. Und immer war. In Sachen Vergangenheit gibt es natürlich mehr zu sehen, als man am nächsten Tag schaffen kann. Hier das Wichtigste: der *Basar*, die *Hagia Sophia*, die *Blaue Moschee* und der *Topkapi-Palast*, in dem zwischen 1001 anderen Kostbarkeiten aus den Schatzkammern der Kalifen auch ein Barthaar des Propheten zu besichtigen ist. In der Großen

Moschee sehen wir dank der architektonischen Raffinesse ihrer Erbauer die Unendlichkeit und der Große Basar von Istanbul, so alt wie die Stadt, bietet alles, was die orientalische Warenwelt draufhat, inklusive Fakes vom Feinsten. Ich habe dort für 50 Euro eine Uhr gekauft, die etwa sechs Monate gehalten hat und von einer Rolex nicht zu unterscheiden war. In diesen sechs Monaten kam ich an jedem Türsteher vorbei. Selbst an dem des *Laila*, des wohl teuersten Nachtclubs im Vorderen Orient, direkt am Wasser, mit Palmen, Springbrunnen und so vielen hübschen Türkinnen, dass man nicht weiß, wohin man sehen soll. Eins noch: Der Sonntag beginnt mit dem Frühstück im Stadtteil *Ortaköy*. Sobald Sie dort sitzen, wissen Sie, warum.

Helge Timmerberg

WOHNEN *Grand Hotel Londra* Mesrutiyet Cad. 117, 80050 Beyoglu Istanbul, Tel. 0090/212/2450670, Doppelzimmer ab 80 US $, www.londrahotel.net **AUSGEHEN** *Hayal Kahvesi* Agacli Mesire, Yeri AB Blok, www.hayalkahvesi.com.tr **ANSCHAUEN** *Großer Basar* »Kapali Carsi« in Sultanahmet, Mo–So 9.00–18.00 Uhr; *Topkapi-Palast* Babihümayan Cad., Mi–Mo 9.00–16.00 Uhr; *Hagia Sophia* und *Blaue Moschee* Ayasofya Meydani, Sultanahmet, Di–So 9.15–16.30 Uhr; *Laila* Muallim Naci Cad. 142, Kurucesme, Mo–So 19.00–03.00 Uhr; in *Ortaköy* gibt es viele Cafés und sonntags einen Flohmarkt

DER PERFEKTE BEGLEITER der Sampler »Beyond Istanbul: Underground Grooves Of Turkey« von Trikont.

Hornbach — DEUTSCHLAND

Mein Leben ist in den vergangenen Monaten so durcheinander geraten wie ein Wühltisch im Schlussverkauf. Ich weiß nicht, ob ich mich für einen Job entscheiden soll, der viel Geld bringt, oder für einen, der mir alle Möglichkeiten bietet. Ich habe keine Ahnung, ob ich nach Hamburg ziehen oder in Berlin bleiben soll. Und die Frau, mit der ich mich in letzter Zeit viel zu oft treffe, sagt auch nicht einfach »Ja«, wenn ich sie frage, ob sie das Wochenende mit mir in einem schönen Hotel verbringen will. Also packe ich meine Probleme, ein paar CDs und die Frau einfach in ein Auto und fahre ins Kloster, weil das ein Ort ist, der Klarheit verspricht. Das *Kloster Hornbach* ist ein Hotel am äußersten Ende der Pfalz. »Wir liegen im Land ohne Namen«, erklärt die Chefin, Christiane Lösch. Tatsächlich ist die Umgebung bäuerlich schön. Viel Grün und viel Fachwerk wechseln sich ab. Die nächste größere Attraktion zum Kloster-Hotel wäre die Stadt Straßburg, und die liegt eine Stunde weg. Ein idealer Ort also, um zu bleiben und zu denken. Das Kloster aus dem Jahr 742 ist modern umgebaut, hell, freundlich, liebevoll eingerichtet und, ja, auch gemütlich. Trotzdem weht noch etwas Sakrales durch den Kreuzgang, der zum Restaurant führt. Auch der Hausherr, Edelbert Lösch, hat etwas von einem Geistlichen, wenn er die Hände faltet, guten Aufenthalt wünscht – und ich muss an einen Freund denken, der Priester wurde und meine dumme Frage, woher er denn wissen wolle, dass es Gott überhaupt gibt, freundlich und gut beantwortete: »Weil ich es eben nicht weiß, heißt es Glauben.« Der Frieden, der mich an meinem

52 / April

Freund beeindruckte, ergreift mich im Kloster Hornbach. Meine Begleiterin schnuppert an den Kissen, in den Schränken und an Handtüchern, die alle von der Chefin mit Kräutern behandelt werden, damit es nicht riecht wie in jedem Hotel. Vor dem Schlafengehen stelle ich mein Handy aus, weil mir sein Klingeln hier vorkommen würde wie Marktgeschrei in der Kirche. Der nächste Tag vergeht mit Gesprächen, aber auch mit Schweigen, mit Sauna und Dampfbad und einem guten Abendessen. Zum Abschied am nächsten Tag kaufen wir uns jeder noch eine Tafel *Themenschokolade*, die im Kloster angeboten wird. Ich nehme eine Tafel »Liebe«, meine Begleiterin die »Unschuld«. Nach meiner Rückkehr habe ich mir eine Wohnung in Berlin angesehen, habe den Job mit dem Geld abgesagt und den anderen angenommen. Und die Frau habe ich gleich wieder angerufen, ohne so lange zu warten, wie es heißt, dass man warten soll. »Wie geht's?«, habe ich sie gefragt. »Wie geht's dir denn?«, hat sie zurückgefragt. Besser jetzt. Glaube ich. *David Pfeifer*

HOTEL *Kloster Hornbach* Im Klosterbezirk, 66500 Hornbach, DZ ab 168 Euro. Die Zimmer sind in unterschiedlichen Stilen eingerichtet. Tel. 06338/9 10 10-0, www.klosterhornbach.de **ESSEN** Sinnvolle Schokolade: Unschuld!, weiß, oder Liebe, dunkel mit Zimt, 75 Gramm 5,70 Euro, 100 Gramm 7,50 Euro

---

DER PERFEKTE BEGLEITER ein Füller und Briefpapier für Briefe, die schon lange geschrieben werden wollen.

Reggio Emilia — ITALIEN

Das Vollkommenste an diesem Wochenende war die Zeit. Sie blieb, sie dauerte. Sie erfüllte die Piazza del Duomo mit einem satten Wohlklang aus schnatternden Marktfrauen, knatternden Mopeds und auf den Pflastersteinen klackenden Absätzen, unter ihnen nicht wenige Highheels. Denn der Domplatz liegt im Zentrum einer Stadt, in der eine Modedynastie leise, aber unübersehbar Regie führt. Reggio Emilia ist nicht nur Geburtsstadt der italienischen Flagge und des Parmesans, sondern seit 1951 auch Sitz von Max Mara, Europas größtem Konzern für Damenmode. Sein Eigentümer, die Familie Maramotti, trägt wesentlich dazu bei, dass die Zeit in Reggio Emilia ganz bei sich und doch gegenwärtig bleibt. Die Maramottis lieben Kunst und pflegen Gastfreundschaft. Nur wenige Schritte vom Domplatz entfernt bieten sie im familieneigenen Hotel *Albergo delle Notarie* 34 geräumige Zimmer und Suiten mit hohen Decken und hellem Parkett. Ähnlich bodenständigen Glamour strahlt das Restaurant *Caffé Arti E Mestieri* in der Via Emilia aus, das in einem alten Palazzo mit üppig grün umranktem Innenhof liegt. Auf dem Weg zu den köstlichsten Gnocchi di patate tartufati der Region darf der Gourmet allerdings auf keinen Fall die *Antica Salumeria* in der Via Broletto versäumen, in der sich riesige Würste, Schinken und bauchige Parmesanlaibe zu einem Stillleben verbinden, das die Magensäfte in Aufruhr versetzt. Wer gut gegessen hat, sollte sich auch Schönheit gönnen. Der ideale Verdauungsspaziergang führt zunächst in den Lesesaal der *Panizzi-Bibliothek* unter das aufregend farbstrudelnde und wirbelnde Deckengemälde »Whirls and Twirls« des amerikanischen Künstlers Sol LeWitt. Es entstand im Auftrag der leidenschaftlichen Kunstsammler-Familie, ebenso wie die Skulptur »Less Than« von Robert Morris im Chiostro Piccolo des Dominikanerklosters. Mitten auf dem Kreuzgang beugt sich die bronzene Plastik, die Morris schuf, unter dem Gewicht einer schweren Amphore. Auf den ersten Blick scheint sie den Sisyphusgang durchs Leben zu symbolisieren, doch wer sein Ohr nah an das Gefäß hält, der hört von innen verfremdete Stimmen. Sie scheinen ein aufbauendes Wort zu flüstern: »Hoffnung«.

Eva Karcher

WOHNEN *Albergo delle Notarie* Via Palazzolo 5, Tel. 0039/0522/453500, www.albergonotarie.it **ESSEN** *Caffé Arti e Mestieri* 16 Via Emilia San Pietro, Tel. 432202, Mo und So Ruhetag; *Antica Salumeria di Giorgio Pancaldi* Via del Broletto 1, Tel. 432795 **ANSCHAUEN** *Biblioteca Panizzi* Chiostri di San Domenico, Via Dante Alighieri 11

DER PERFEKTE BEGLEITER der Klassiker: Wolfgang Braunfels' »Kleine italienische Kunstgeschichte in achtzig Kapiteln«, erschienen im DuMont Reiseverlag.

Zypern — ZYPERN

Gleich nach meiner Ankunft in Zypern werfe ich mein Weltbild über den Haufen: Das Paradies gibt es doch. Und zwar hier auf der Halbinsel Akamas, genauer im Hotel *Anassa* in Latsi, auf der Sonnenterrasse. Um mich herum sitzen Menschen in ausladenden Sesseln, Ober servieren frischen Minztee und Gebäck, Köche streifen durch den Garten und pflücken Salbei, draußen auf dem Meer fangen Fischer mein Abendessen. Zur Erholung von der Reise gehe ich an Orangenbäumen vorbei ins Spa, wo mit *Organic Pharmacy-Produkten* aus England massiert wird, auf deren Walnuss- und Jasminduft man nie wieder im Leben verzichten will. Ich fühle mich wie ein besserer Mensch, was auch an Christine liegt. Christine kommt aus Nordengland, hat aber vier Jahre in China gelebt und gelernt, wie man Nadeln so im Gesicht verteilt, dass man mit sechzig aussieht, als wäre man eben dreißig geworden. Ihr bestes Argument: sie selbst. Am zweiten Tag fahre ich ins Landesinnere, zuerst zum *Weingut Kolios*, wo man Käse essen und Weine testen kann. Danach: die *Bodenmosaike von Paphos*, die Szenen aus der griechischen Mythologie zeigen und zu den schönsten Mosaiken im Mittelmeerraum zählen. Wer schick zu Abend essen will, sollte ins Hotel *Almyra* gehen. Die Spezialität: Spinat-Feta-Frühlingsrollen und Basilikum-Panna-Cotta. Wer es handfester mag, besucht eines der kleinen Restaurants im Hafen von Latsi, in denen selbst Zyprioten vom anderen Ende der Insel ihren Fisch essen. Zu empfehlen ist auch eine kurze Radtour zu den *Bädern der Aphrodite*, einer Grotte, in der sich die Göttin Aphrodite von ihrem Geliebten

Adonis verwöhnen ließ. Ein Bad im Wasser schenkt Schönheit und Jugend – ist aber leider verboten. *Tobias Haberl*

WOHNEN *Hotel Anassa* Polis, DZ ab 488 Euro, Tel. 003 57/26/ 88 80 00, www.anassa.com.cy **KOSMETIK** *The Organic Pharmacy* www.theorganicpharmacy.com **ESSEN** *Weingut Kolios* Statios-Agios Fotios, Paphos, Tel. 72 40 90, www.koliosvineyards.com; *Almyra* Paphos, Tel. 93 30 91, www.thanoshotels.com **ANSCHAUEN** *Mosaike von Paphos* in Paphos; *Bäder der Aphrodite* nahe des Landguts Potamos bei Latsi

DER PERFEKTE BEGLEITER ein edler Leinenpyjama von Culti und das »Lexikon der antiken Mythen und Gestalten« von Michael Grant und John Hazel, erschienen bei dtv.

Mai
05

Mai

01

02

03

04

05

06

07

08

09

10

11

12

13

14

15

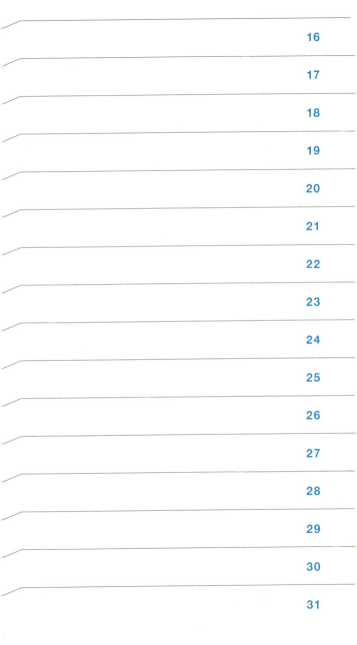

Arezzo — ITALIEN

Das alles hier sei eigentlich dem Londoner Stau zu verdanken, sagt Paolo Kastelec, halb Engländer, halb Italiener, während er durch die Räume der *Villa Fontelunga* führt. Immer, wenn er im Verkehr feststeckte und der Regen laut auf sein Autodach prasselte, habe er sich ausgemalt, wie es wäre, mit Freunden ein Hotel in der Toskana zu eröffnen. »Und da man in London ja sehr oft im Stau steht und es viel regnet«, sagt er, »hatte ich diesen Gedanken irgendwann ein paarmal zu oft durchgespielt«. Mit zwei Freunden kaufte er schließlich dieses Anwesen nahe Arezzo, ein Gut aus dem 19. Jahrhundert, das über dem Tal Val di Chiana thront: Paolo, eigentlich ein Investmentbanker, sein Kompagnon Simon Carey, ein Landschaftsgärtner, und Philip Robinson, Architekt und Set-Designer für Spielfilme wie »Vier Hochzeiten und ein Todesfall«. Philip arrangierte also Möbel von Arne Jacobsen zu Antiquitäten und pastellfarbenen Damaststoffen, aus denen eigentlich Kardinalsroben für den Vatikan genäht werden. Simon pflanzte Lavendel, Rosen, Zypressen und Olivenbäume. Als sie damit fertig waren, bauten sie ein paar Kilometer entfernt noch drei weitere Villen mit Pools, die man mit Concierge-Service mieten kann. Die meisten Gäste, die hierherkommen, setzen sich mit einem Glas Weißwein an den Pool oder spazieren durch das nahe gelegene Etruskerstädtchen *Cortona*, eine der ältesten Ortschaften Italiens. Oder sie borgen sich einen der vom Hotel zur Verfügung gestellten *Smart* aus, um in die *Outlet-Stores* der großen italienischen Modemarken zu fahren, die eine halbe Stunde entfernt in der Nähe von *Montevarchi* liegen:

Prada, Fendi, Dolce & Gabbana, Gucci, Armani. Vom Prada-Outlet ist es nicht weit zur *Osteria di Rendola*, einem Berggut von 1750, in dem man ein fantastisches Mittagsmenü essen kann. Abends, wieder in der Villa, kocht Philips Mutter Ines. Oder man reserviert in einem der vielen toskanischen Restaurants der Gegend. Im *Il Goccino* zum Beispiel, wo sich das Risotto mit Steinpilzen, die Pasta mit Wildschwein und das Rinderfilet in Chianti ganz hervorragend zum neuen braunen Armani-Pulli des Freundes machen.

Kerstin Greiner

WOHNEN *Villa Fontelunga* Via Cunicchio No. 5, Loc. Pozzo, 52045 Arezzo, Tel. 0039/0575/660410, www.fontelunga.com, DZ ab 154 Euro, Villen mit Concierge-Service ab 1330 Euro pro Woche **ESSEN** *Osteria di Rendola* Via di Rendola 89, Montevarchi, Tel. 055/9707491, www.osteriadirendola.it; *Il Goccino* Via G. Matteotti, 90, Lucignano, Tel. 0575/836707, www.ilgoccino.it **EINKAUFEN** *Prada* I Pellettieri d'Italia, Località Levanella, Montevarchi, Tel. 055/91901; *Fendi* Via Giuseppe Di Vittorio 9, Rignano sull'Arno, Tel. 055/834981; *Dolce & Gabbana* Località S. Maria Maddalena 49, Pian Dell'Isola in Incisa Val d'Arno, Tel. 055/8331300; *The Mall* (Armani, Gucci, Ferragamo, Bottega Veneta, Valentino), Via Europa 8, Leccio/Reggello, Tel. 055/8657775

DER PERFEKTE BEGLEITER Musik von »Luna Pop«: Squerez (Epc) – wunderbar, um mit dem Auto durch die Stadt zu fahren.

Mai / **63**

Budapest — UNGARN

Budapest ist wie ein Besuch am Set eines Historienfilms: Die Herren grüßen mit »Küss die Hand«, die Mietspaläste im Stil des ungarischen Historismus stemmen sich fünfstöckig in den Himmel und alle Belege kommunistischer Geschichte sind weggeräumt – in einen *Statuenpark* außerhalb der Stadt. Seitdem ich hier wohne, bekomme ich fast jedes Wochenende Besuch von Freunden – mit ihnen gehe ich Freitagabend in die *Szimpla Bar* im VII. Bezirk an der *Kertész Utca*, dort reihen sich Cafés und Bars aneinander, die auch noch nachts Schmalzbrote mit Zwiebeln belegen. Am nächsten Morgen treffen wir uns im *Espresso Café* im *Hotel Gellért*. Seit der Eröffnung 1918 pflegt das Hotel Kaffeehaustradition, zur Melange probieren wir ein Stück Esterházy-Torte – fünf Schichten Buttercreme, Walnussbiskuit, weiße Schokolade. Danach ist Bewegung nötig, also ab ins *Gellért Bad*, das schönste in Budapest. Über den Becken wölbt sich das Jugendstildach aus Glas, Heilwasser sprudelt aus Skulpturen. Später nehmen wir die Elektrische – sie fährt seit 1887 – zum Einkaufsbummel in die *Váci Utca*: »Luxus Luxus Luxus« steht in Gold auf dem Warenhaus am Anfang der Boulevards, zwei Schritte weiter liegt die Schusterei der berühmten Budapester und die verstaubte Párisi-Udvar-Passage mit ihrem Glaskacheldach. Für den Abend reserviere ich einen Tisch im Restaurant *Kispipa*, wo der Klavierspieler Schlager von Rezsö Seress spielt und auch sonst alles aus Ungarn kommt: das Porzellan, die Pasteten, der Balaton-Riesling. Sonntag steigen wir auf die Anhöhe des Gellérthedy, genießen den Blick über die

Stadt und sinken, wieder unten, in die Lederpolster des *Centrál Kávéház*. Die Belohnung: Dobos-Torte – fünf Schichten Schokoladencreme, Butterbiskuit, Karamell. *Hindeja Farah*

WOHNEN *Hotel Gellért* Szent Gellért tér 1, Tel. 00 36 / 1 / 88 95 500, DZ ab 170 Euro, www.danubiushotels.com / gellert ESSEN *Kispipa* Akácfa utca 38, Tel. 342 2587; *Centrál Kávéház* Károlyi Mihály utca 9, Tel. 266 2110, www.centralkavehaz.hu; *Szimpla Bar* Kertész utca 48 SCHWIMMEN *Gellért Bad* Kelenhegyi utca 2, Tel. 466 6166, Eintritt ca. 11 Euro EINKAUFEN *Váci Utca* im V. Bezirk ab Deák Ferenc Platz ANSCHAUEN *Statuenpark* Szabadkai utca / Balatoni utca

DER PERFEKTE BEGLEITER der Roman »Die Glut« von Sandor Maraí, erschienen bei Piper – eine Analyse menschlicher Leidenschaft im untergehenden K. und K.-Reich. Oder der Roman »Deutschlandreise im Strafraum« von Peter Esterhàzy, erschienen im Berlin Verlag. Der ungarische Schriftsteller wurde 1950 in Budapest geboren.

Gardasee — ITALIEN

Der schönste See Bayerns ist der Gardasee. Gut, ein Italiener mag in diesem Satz einen Fehler finden, aber für einen Münchner ist der Lago di Garda einfach ein Stück Heimat. Er liegt ja auch so nah: Die kleine Propellermaschine von Air Dolomiti braucht über die Alpen gerade mal eine wacklige Flugstunde. Sich am Freitagabend durch den Münchner Berufsverkehr bis zum nächsten Biergarten zu kämpfen, dauert genauso lang. Dann doch lieber gleich der gute alte Gardasee! Mit ihm ist es wie mit der großen Liebe: Egal, wie oft man sich sieht, das Gefühl, jemand ganz Besonderen vor sich zu haben, bleibt. Wenn die Sonne hier langsam untergeht, schaut man ihr am besten von der Terrasse des *Ristorante Signori* in Sirmione zu. Eine Anlegestelle für Boote gibt es in der Via Romagnoli ebenso wie Liegestühle für den Aperitif danach. Gut so. Die Norditaliener sind die am geschmackvollsten gekleideten Menschen überhaupt, nach einem Einkaufsbummel durch Sirmione gibt der Münchner das gern neidlos zu. Freitag ist Anreisetag, Sonntag Abreise, darum ist Samstag der geeignete Tag für einen Abstecher weg vom Gardasee ins nahe Mantua. Der Tipp, sich den *Palazzo Ducale* der einstigen Herrscherfamilie anzusehen, stammt von einem freundlichen Italiener namens Carlo Canale, der als Hugh-Grant-Double viel Geld verdienen könnte, aber lieber für einen großen Käsehersteller arbeitet. Carlo empfiehlt, den Palazzo nur mit Sportschuhen zu besuchen und sich gleich eine ganze Woche Zeit zu nehmen für die unzähligen, prachtvollen Räume der Residenz. Die nötige Kraft dafür gibt eine Portion Tortellini di zucca im

Ristorante Aquila Nigra, die so lecker sind, dass man den Koch umarmen möchte, wovon Carlo aber abrät. Das Ristorante versteckt sich in einer kleinen Seitenstraße gleich beim Palazzo Ducale. Wer es findet, darf im Inneren Fresken aus dem 15. Jahrhundert bewundern. Wieder so ein Tipp von Carlo, der in jedem Gässchen ein tolles Restaurant, einen schicken Laden oder ein nettes Hotel kennt. Carlo erzählt, dass die Bauern hier früher die großen Grana Padano-Käseräder als Bürgschaft bei der Bank abgeben konnten. Es sei schade, dass die Deutschen den Hartkäse immer nur über ihre Nudeln reiben. Carlo isst den kleinen Bruder des Parmesan am liebsten in großen Stücken zu Carpaccio oder in dünnen Scheiben, wie Chips gebacken. Und dabei dachte man doch, man wisse schon alles über Italien. Bis Carlo kam. Danke, Carlo! Bis demnächst. Es ist ja nicht weit zu dir. *Marc Baumann*

WOHNEN *Hotel Sirmione* Piazza Castello 19, Sirmione, Tel. 0039/ 30/9904922, DZ ab 218 Euro inkl. Frühstück **ANSCHAUEN** *Palazo Ducale* Mantua, Piazza Sordello, 40, Eintritt 6,50 Euro, www. mantovaducale.it, geöffnet von Dienstag bis Sonntag 8.45 – 19.15 Uhr **ESSEN** *Ristorante Signori* Via Romagnoli 17, Tel. 916017; *Ristorante Aquila Nigra* Mantua, Vicolo Bonacolsi, 4, Tel. 327180, Montag und Sonntag Ruhetag

---

DER PERFEKTE BEGLEITER Musik von »Epifani Barbers«: Marannui (Forrest Hill Records). Zartbitter-beschwingte Klänge der Band um den Mandolinenspieler Mimmo Epifani.

Athen — GRIECHENLAND

Diese Stadt hat sogar bei Reisebüromenschen einen miesen Ruf. Sie gehört zum Hinterhof der europäischen Hauptstädte. Wer an Athen denkt, denkt: Akropolis, Smog und schrecklich unsympathische Taxifahrer. Vor dem Beifahrersitz meines Taxis bitten zwei Aufkleber ums Nichtrauchen und Anschnallen. Panos, der Taxifahrer, ist nicht angeschnallt und raucht. Ich lade ihn zum Kaffee ein. In seinem Lieblingscafé *Melìna* bestellen wir zwei Frappés. Panos schaut hoch auf das Parthenon und sagt: »Seit letztem Jahr kann man vom Tempel des Olympischen Zeus am Südhang der Akropolis bis zur antiken Agorá und dem Keramikós-Friedhof gehen.« Das gesamte Stadtzentrum Athens sei eine Fußgängerzone. »Vor ein paar Jahren wäre das noch undenkbar gewesen!« Ich laufe zum griechischen Parlament am Syntagma-Platz, einem Palast, den der erste griechische König Otto I. erbaute. Schräg gegenüber dem Parlament noch ein klassizistischer Prachtbau: das *Hotel Grande Bretagne.* Aristoteles Onassis war Stammgast in den sechziger Jahren, Gästebucheinträge von David Bowie, Francis Ford Coppola oder Giorgio Armani lassen ahnen, warum die Royal Suite im 5. Stock mehr als 1500 Quadratmeter groß ist und pro Nacht 15000 Euro kostet. Vom »Grande Bretagne« gehe ich die Fußgängerzone Ermou hinunter zum *Hotel Tempí*, meinem Übernachtungsquartier, von dem man einen prima Blick auf das Parthenon hat. Abends umrunde ich in der Fußgängerzone Ermou die byzantinische Kirche Kapnikarèa und erreiche nach etwa 400 Metern auf der linken Seite einen

Hinterhof. Zwei Musiker spielen Bouzouki und eine rothaarige Frau singt auf Griechisch, aber irgendwie passt die Melodie nicht. Dann begreife ich: Es ist der Frank-Sinatra-Song »Fly Me To The Moon«. Jazz auf Griechisch. Ich setze mich an einen der alten Holztische des *Kafè Abinissìa* und bestelle einen Octopussalat in Olivenöl, dazu ein Glas weißen Amethystos. Eine Griechin steht auf und beginnt zu tanzen und plötzlich ergreift ihre Hand auch meine. Während ich in ihre blauen Augen schaue und gegen den einen oder anderen Stuhl stoße, denke ich auf einmal: Athen ist nicht hässlich, Athen ist neu und aufregend! Auch wenn ich nur in einem Hinterhof tanze. *Alexandros Stefanidis*

WOHNEN *Hotel Grande Bretagne* Platía Syntagmátos, www.grande-bretagne.gr, Tel. 0030/210/3330 0000, DZ ab 300 Euro; *Hotel Tempí* Odós Aiolou, Plaka, Tel. 3213175, DZ ab 35 Euro, www.tempihotel.gr, kein Frühstück, aber Wasserkocher und Kühlschrank stehen im Erdgeschoss bereit. Die Zimmer 1, 2, 6, 7, 11, 12 und 17 bieten den schönsten Blick auf das Parthenon **ESSEN & TRINKEN** *Melìna* Odós Lisiou, Plaka, tägl. 9.00–3.00 Uhr, Tel. 3246501, Metrostation: Syntagma; *Kafè Abinissìa* Odós Abinissia, Monastiraki, tägl. 17.00–2.00 Uhr, Tel. 3217047, Metro: Monastiraki

DER PERFEKTE BEGLEITER Musik von Stelios Kazantzidis, egal welche. Er hat über 120 Alben veröffentlicht und gilt in Griechenland als Legende.

Mai / **69**

München — DEUTSCHLAND

Schon seltsam, dass ich die eigene Stadt nicht unbedingt besser kenne als einige Fremde. Wahrscheinlich weil ich in München seit Jahren das gleiche mache: Mein perfektes Wochenende beginnt Donnerstagabend bei *Schumann's*, mit Philip und Robert. Donnerstag ist der vollste Tag dort, und Charles fragt sich, warum niemand auf einen anderen Wochentag ausweicht. Aber warum wir und nicht die anderen? Den Samstag verbringe ich mit Familie, den Sonntag gerne mit einem Buch in der Sauna. Das städtische Prinzregentenbad ist ganz passabel, aber wer sich etwas Besonderes gönnen will, geht in das Blue Spa des Hotels Bayerischer Hof, im sechsten Stock: die Sauna ist klein, aber selten überfüllt, das Dach über dem Swimmingpool wird bei Sonnenschein geöffnet, und von der dazugehörigen Bar hat man einen großartigen Blick über die Münchner Innenstadt, bei Föhn sogar bis in die Alpen. Mein Wochenende ist nicht unbedingt aufregend, aber sehr erholsam. Ganz anders bei meiner Zimmerkollegin im Büro: Kerstin ist zehn Jahre jünger und probiert auch in ihrer Heimatstadt ständig Neues aus. Ihre aktuellen Tipps: Joggen im renaturierten Teil der Isarauen. Essen im Restaurant *Zerwirk*, wegen der »tollen veganen Küche im historischen Innenstadtgewölbe«. Oder im *Kranz*, wegen der einfachen guten Küche. Oder Picknick auf den Stufen des Gärtnerplatztheaters, »an Sommerabenden versammelt sich dort das ganze Viertel, danach Digestif um die Ecke im *Zappeforster* in der Corneliusstraße«. Kino in den *Museumslichtspielen*, weil dort viele englische Filme im Original laufen. Tanzen:

»Nur in der *Ersten Liga*«. Und nachts noch mal essen: *Cosmogrill* hinter der Maximilianstraße (wunderbare Burger, teuer), *Bergwolf* in der Reichenbachstraße (wunderbare Currywurst, günstig), *Fraunhofer Schoppenstube* in der Fraunhoferstraße (wer Geburtstag hat, bekommt dort einen Gratisknödel mit Kerze). Trauen Sie meiner Zimmerkollegin, Kerstin hat einen guten Geschmack.

Lars Reichardt

WOHNEN *Hotel Cortiina* Ledererstraße 8, Tel. 089/242249-0 **ESSEN&TRINKEN** *Schumann's* Odeonsplatz 6–7, Tel. 229060, www.schumanns.de; *Zerwirk* Ledererstraße 3, Tel. 232391-91, www.zerwirk.de; *Kranz* Hans-Sachs-Straße 12, Tel. 2166 8256, www.daskranz.de; *Zappeforster* Corneliusstraße 16 ,Tel. 20245250; *Cosmogrill* Maximilianstraße 10, Tel. 89059696, www.cosmogrill.de; *Bergwolf*, Fraunhoferstraße 17, Tel. 2325 9858, www.bergwolf.sportkneipe.de; *Fraunhofer Schoppenstube*, Fraunhoferstraße 41, Tel. 2014902; *L&i* Ledererstraße 17, Tel. 23237789, Mo–Sa 10.00–1.00 Uhr **AUSGEHEN** *Forum-Kinos* Museumsinsel 1, Tel. 21125200, www.forumkinos.de; *Erste Liga* Thalkirchnerstraße 2, Tel. 23687920, www.ersteliga.com **WELLNESS** *Prinzregentenbad*, Prinzregentenstraße 80, www.swm. de; *Blue Spa* Hotel Bayerischer Hof, Promenadeplatz 2–6, Tel. 2120-992, Reservierung erbeten, www.bayerischerhof.de

DER PERFEKTE BEGLEITER eine aktuelle Ausgabe der Süddeutschen Zeitung, freitags immer mit dem SZ-Magazin.

Juni
06

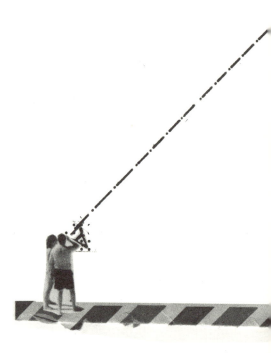

Juni

01

02

03

04

05

06

07

08

09

10

11

12

13

14

15

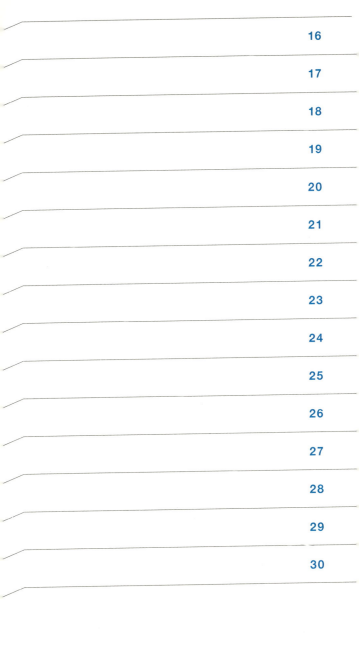

Gotha — DEUTSCHLAND

»Warum denn Gotha?«, fragte meine Freundin. »Weil in Gotha die Superlative zu Hause sind«, sagte ich. Das *Ekhoftheater*: das älteste Barocktheater der Welt. Die *Marienglashöhle*: eine der größten Kristallgrotten Europas. Das *Versicherungsmuseum*: einzigartig in Deutschland. Der *Almanach de Gotha*: der bedeutendste Adelskalender. Und ein sehr subjektiver Eindruck von der Fußgängerzone – nirgendwo gibt es mehr Ein-Euro-Shops. Wir übernachten im *Hotel am Schlosspark* und wollen den größten Kulturbrocken gleich am Anfang erledigen – das *Schloss Friedenstein*, wie sollte es anders sein, auch ein Superlativ, das größte Barockschloss Deutschlands, mit dem Ekhoftheater und einer Wind- und Donnermaschine von 1683 darin. Großen Spaß haben wir auch in der *Ägyptischen Sammlung*, einst die größte in ganz Europa, in der wir lernen, dass der Adel früher an heiteren Abenden Mumien ausgewickelt hat, um zu sehen, was darunter ist. Oder dass Mumien für medizinische Zwecke sogar zerkleinert verabreicht wurden. Darauf bekommen wir dann doch Hunger, aber auf der Suche nach gutem Essen kommt kurz schlechte Laune auf. Da sieht es in Gotha schlecht aus. Also Thüringer Bratwurst in der Semmel und Blechkuchen, der uns versöhnt. Später schaukelt uns die Überlandstraßenbahn *Thüringer Waldbahn* in einen wohligen Nachmittagsschlaf Richtung Marienglashöhle. Die Höhle ist zwar sehenswert, aber das »Fettbrot mit Deli-Gurke« am Kiosk nebenan wird uns noch länger in Erinnerung bleiben. Am nächsten Tag: Raus aus der Stadt und Thüringen vom Berg aus anschauen. Wir fahren nach *Seebergen*. Das ist der perfekte Ort zum stundenlangen Nichtstun. Die *Ausflugsgaststätte Düppel* klingt zwar komisch, aber Essen und Blick sind eine Wucht. Dann kauft mir meine Freundin eine echte *Thüringer Zigarre*, die ich beim Pferderennen auf der *Galopprennbahn Boxberg* rauche, gleich bei Gotha um die Ecke. Natürlich: eine der ältesten Natur-Galopprennbahnen überhaupt.   *Matthias Eggert*

WOHNEN *Hotel am Schlosspark* Lindenauallee 20, Tel. 03621/ 442-0, www.hotel-am-schlosspark.de, Doppelzimmer ab 98 Euro **ANSCHAUEN** *Schloss Friedenstein* mit *Ekhoftheater* und *Ägyptischer Sammlung*, Dienstag bis Sonntag 10.00–17.00 Uhr, Eintritt 5 Euro, www.stiftungfriedenstein.de; *Versicherungsmuseum Gotha* Mittwoch und Samstag 10.00–12.00 Uhr, Tel. 222138, *Marienglashöhle* Friedrichroda, 9.00–17.00 Uhr, Tel. 03623/ 311667, www.friedrichroda.de; *Thüringer Waldbahn* Fahrplan unter www.waldbahn-gotha.de; *Galopprennbahn Boxberg* Tel. 03622/200932, www.galopprennbahn-boxberg.de **ESSEN** *Ausflugsgaststätte Düppel* Seebergen, Anger 25a, Tel. 036256/33972, www.dueppel-seebergen.de **ZIGARREN** *Zigarrenmanufaktur des Christopherushofes* Gewerbegebiet 6, 07356 Bad Lobenstein, Tel. 036651/37782, www.christo-zigarre.de

DER PERFEKTE BEGLEITER Professor Eckhart Conzes »Kleines Lexikon des Adels. Titel, Throne, Traditionen«, erschienen im C.H.Beck Verlag.

Ischia — ITALIEN

Die Frau, mit der ich mich in letzter Zeit viel zu oft treffe, ist ulkig: Wenn sie sich freut, wackelt sie mit den Füßen; nie antwortet sie direkt, immer mit einer Gegenfrage. Aber als ich frage, ob sie für zwei Tage mit auf die Insel Ischia kommen will, sagt sie sofort Ja, obwohl sich Ischia nach Altersbeschwerden anhört. Ischia ist die große, übersehene Schwester von Capri, das in den vergangenen Jahren ein Comeback erlebte. Nun will auch Ischia wieder Anschluss an die Touristenströme finden. Seit einiger Zeit bieten Billig-Airlines Flüge nach Neapel an, denn da muss man zunächst mal hin. »Warum fahren alle nach Capri?«, fragt schon der Mann vom *Hotel Regina Isabella*, der uns in Neapel am Flughafen abholt und zur Fähre bringt. »Unsere Insel ist genauso schön und nicht so überladen mit Japanern und Amerikanern!« Trotzdem sind auch auf Ischia die Strände so voll, dass es aussieht, als hätte der Sand Sonnenschirm-Akne. Vor dem »Regina Isabella« ragen stattdessen zwei riesige Badestege wie zwei Zeigefinger ins Meer, außerdem liegt es direkt neben einer riesigen *Therme* – für ihre Thermalquellen ist die Insel berühmt. Man könnte das Wochenende also gut im Hotel verbringen, aber dann würde man Ischias Natur verpassen: die vielen Weinberge und -güter, die *Casa D'Ambra* zum Beispiel, oder wunderschöne Gartenanlagen wie *La Mortella*, die der englische Landschaftsarchitekt Russel Page gestaltet hat. Weil gut ein Viertel der Insel nur vom Wasser aus zu erreichen ist, lohnt es sich, ein Motorboot zu mieten, am besten mit einem ortskundigen Kapitän. Luigi, unser Steuermann, fährt uns zu ischitanischem Wein und Kaninchen ins Restaurant *Le Cave*, das man nur vom Wasser aus besuchen kann, und zur *Grünen Grotte*, in die man unter einem Felsvorsprung hindurchtauchen muss. Das hört sich abenteuerlicher an, als es ist – selbst meine Begleiterin, die bei Wasserkontakt sofort guckt, als müsse sie ein Opfer in »Der weiße Hai« spielen, hat es geschafft. Die Fahrt ging noch vorbei am Örtchen Sant Angelo, wo es in der *Pasticceria dal Pescatore* eine Auswahl leckerster Torten gibt. Und auch wenn wir dann abends noch romantisch gegessen haben, kommt es mir vor, als habe das ganze Wochenende nur an diesem Nachmittag stattgefunden: Das Bild, das bleibt, ist die Steilküste vom Heck des Motorboots aus betrachtet, das eine mächtige Welle ins Meer schneidet. Eine italienische Flagge, die hektisch im Wind flattert und ein paar Füße, die wie wild dazu wackeln. *David Pfeifer*

WOHNEN *Hotel Regina Isabella* Lacco Ameno, Tel. 0039/081/994322, DZ ab 246 Euro mit Halbpension, www.reginaisabella.it; *Terme Regina Isabella* neben dem Hotel, Massage ab ca. 37 Euro; ANSCHAUEN *Vino D'Ambra* Forio, Tel. 907246, www.dambravini.com; *La Mortella* Via F. Calise 39, Forio, Tel. 986220, Eintritt 10 Euro BOOTSTOUREN an jedem Hafen, private Inselumrundung ab 200 Euro ESSEN&TRINKEN *Pasticceria dal Pescatore* Piazetta S. Angelo, Sant Angelo; *Restaurant Le Cave* und *Grüne Grotte* nur mit ortskundigen Ischitanern zu erreichen

DER PERFEKTE BEGLEITER ein besonders großer Sonnenhut.

Los Angeles — USA

Es gibt Städte, die sind zu groß, um von ihnen erzählen zu
können. Los Angeles zum Beispiel. Und dann gibt es Orte, von
denen wir zu Unrecht annehmen, sie seien zu klein und un-
bedeutend, um darüber zu berichten. Das kurze Stück einer
Straße entlang der Pazifikküste von Los Angeles zum Beispiel.
Auf knapp zweihundert Metern versammelt die Ocean Avenue
zwischen dem Santa Monica Pier und dem Pico Boulevard all
jene Widersprüchlichkeiten, die der ganzen Stadt ihre Magie
verleihen. Ein paar Meter abseits des Pier bildet das *Pub Chez
Jay* die letzte Bastion gegen das moderne Amerika. Jay Fiondel-
la hat das Refugium 1959 eröffnet und seitdem scheint sich hier
nichts verändert zu haben. John F. Kennedy und Marilyn Mon-
roe wurden hier, angeblich, Arm in Arm gesehen. Und Alan
Shepard, Astronaut und Stammgast, schmuggelte 1971 eine
Erdnuss aus dem »Chez Jay« ins All und aß sie lachend auf, als
sein Raumschiff gerade über Kalifornien flog. Auf der gegenüberliegenden Straßenseite befindet sich das *Hotel California*.
Den Surferkitsch nehmen wir in Kauf, weil die Übernachtung
hier wenig kostet und wir beim Einschlafen die Wellen hören
können. Am nächsten Morgen gehen wir ein paar Schritte in
Richtung Pico. Rechts, unter einem dichten Baldachin aus
Bougainvilleen, liegt *Cora's Coffee Shoppe*: gutes, kräftiges Frühstück. Links das *Hotel Viceroy*: viele schöne Menschen, inmitten
von modernem, frankophilem Design. Unten am Strand, gleich
dort, wo am Muscle Beach die Fitnessbewegung in den siebzi-
ger Jahren zum ersten Mal ihr wahres, bemühtes Gesicht zeigte,

gibt es bei *Loews Rentals* alle möglichen Utensilien der Spaßgesellschaft auszuleihen: Fahrräder, Surfbretter, Rollschuhe und noch viel mehr Geräte, für die das Deutsche allerdings keine Namen parat hat: Boogie Boards, Strollers, Trykkes, Low Riders und Speed Hybrids.   *Dominik Wichmann*

WOHNEN *The Hotel California* 1670 Ocean Avenue, Santa Monica, Tel. 001/310/3932363, www.hotelca.com, DZ ab 179 Dollar, Parkplatz 15 Dollar; *Hotel Viceroy* 1819 Ocean Avenue, Santa Monica, Tel. 2607500, DZ ab 260 Dollar, www.viceroy-santamonica.com **ESSEN&TRINKEN** *Pub Chez Jay* 1657 Ocean Avenue, Santa Monica, Tel. 3951741, www.chezjays.com; *Cora's Coffee Shoppe* 1802 Ocean Avenue, Tel. 4519562 **SPASSGERÄTE MIETEN** *Loews Rentals* Tel. 3954748, von 6 Dollar pro Stunde bis 120 pro Woche

DER PERFEKTE BEGLEITER eine Oversize-Sonnenbrille, wie Tom Ford sie trägt.

Wien — ÖSTERREICH

Natürlich kann man den Stephansdom empfehlen, die Hofburg, Schloss Schönbrunn. Aber von diesen Wien-Tipps gibt es tonnenweise Papier. Meine Empfehlung für ein perfektes Wochenende ist der 2. Bezirk, auch Leopoldstadt genannt. Hier ist Wien sehr privat. Die meisten der zirka 115.000 Juden in Wien lebten rund um die Taborstraße und den Karmelitermarkt, bevor die Nazis kamen. Inzwischen wohnen wieder etwa 6.000 dort und die orthodoxen unter ihnen verschönern das Straßenbild: große Hüte, lange Bärte, Schläfenlocken, wohin das Auge blickt. »Klein-Jerusalem« wird kräftig aufgemischt von den Völkerscharen aus Ex-Jugoslawien, natürlich auch von Türken, Afrikanern und Wienern alten Schlags. Herr Sommer zum Beispiel betreibt das *Café Sperlhof*, und zuerst denkt man, es seien tragende Säulen, die in seinem Café stehen, aber dann sieht man, dass es bis zur Decke aufgetürmte Brettspiele sind, von Monopoly bis Bakschisch, 850 Spiele insgesamt. Einmal war mir, als hätte ich dort auch Leonard Cohen spielen sehen. Aber ich konnte es nicht glauben und recherchierte. Tatsächlich hat der Sänger in der Leopoldstadt eine Wohnung gekauft. Auch Omar Sharif war oft hier, weil sein Lieblings-Nachtclub auf europäischem Boden, Cabaret Renz, auch im 2. Bezirk lag. Leider hat es zugemacht. Heute gehen Leute wie Omar in die Bar des *Hotel Orient*. »Das Orient« ist wahrscheinlich das schönste Stundenhotel der Welt, verplüschter Jugendstil. Manchmal werden dort die »Stundenzimmer« ganz normal für ein Wochenende und länger vermietet. Für den kleinen Hunger findet man in Wien überall diese Wurstbuden, die bis vier Uhr nachts geöffnet haben. Da heißt eine Dose Bier »16er Blech«, weil das *Ottakringer Bier* im 16. Bezirk hergestellt wird. Wenn man ein 16er Blech bestellt, glauben alle, man kennt sich aus. Wer keine Wurst mag, geht ins *Restaurant Wild* im 3. Bezirk. Die Küche gehört zu den zehn besten der Stadt. Ansonsten würde ich in Wien so viel wie möglich spazieren gehen. Das Straßenbild ist entweder die heile k.u.k.-Welt oder die heile Welt der 50er Jahre, beides große Epochen, und die letzte ist noch so nah, dass man seine Kindheit darin wiederfinden kann. Das hat Woody Allen über Wien gesagt.

Helge Timmerberg

WOHNEN *Hotel Orient* Tiefer Graben 30, 1010 Wien, Tel. 0043/1/ 5337307, Doppelzimmer zwischen 57 und 85 Euro für ca. 3 Stunden, Zutritt zur Bar nur für Hotelgäste, www.hotelorient.at **ESSEN&TRINKEN** *Café Sperlhof* Große Sperlgasse 41, 1020 Wien, Tel. 2145864, geöffnet Montag bis Freitag 12.00–1.00 Uhr, Samstag, Sonn- und Feiertage 10.00–1.00 Uhr, www.cafesperl.at; *Gasthaus Wild* Radetzkyplatz 1, 1030 Wien, geöffnet Dienstag bis Sonntag 10.00–1.00 Uhr, Tel. 9209477 **ANSCHAUEN** *Ottakringer Brauerei* Tel. 49100/2902, www.ottakringer.at

DER PERFEKTE BEGLEITER die »Geschichten aus dem Wiener Wald« von Ödön von Horváth, erschienen bei Suhrkamp und »Corso am Ring« von Arthur Schnitzler. Erzählungen aus Wien, erschienen im Schöffling & Co. Verlag.

Göteborg — SCHWEDEN

In Göteborg sind die Tage länger, der Wind frischer und die Menschen weniger zahlreich – alles gute Gründe für ein verlängertes Wochenende. Gleich nach der Ankunft spazieren wir vom *Elite Park Avenue Hotel* durch das Herz der Stadt, die Linnégatan und die Aveny hinunter. Von der Innenstadt ist es nicht weit zu Schwedens führendem Design Museum, dem *Rösska Musset*. Abends gönnen wir uns ein Essen in dem berühmten Restaurant *Sjömagasinet*, das direkt am Hafen liegt und köstliche Meeresfrüchte bietet. Am nächsten Tag geht es zum *Vergnügungspark Liseberg*, der 1923 in einem heute nostalgisch wirkenden Stil angelegt wurde. Nach vier verschiedenen Achterbahnen sind wir glücklich, wieder auf dem Boden zu stehen und freuen uns auf die Küste, auf *Marstrand*. Die 45 Kilometer dorthin vergehen wie im Flug, weil der Weg über lange Brücken, vorbei an Leuchttürmen und Inseln führt, an denen man sich nicht satt sehen kann. Wir setzen mit der Fähre auf die PKW-freie Insel über, die aus einem Hügel voller enger Backsteingassen und bunter Holzhäuser besteht, wie man sie aus Pippi Langstrumpfs Heimatstadt kennt. Gekrönt wird das ganze von »Carlstens Festung«, auf die wir aufsteigen und den schönen Blick über die Schärenwelt genießen. Wir checken im *Vandrarhem* ein, das eine Jugendherberge sein soll, aber viel mehr einem Hotel ähnelt. Die Zimmer sind nett eingerichtet und im Bett liegend blickt man direkt aufs Meer. Die Herberge hat einen eigenen Steg, von dem wir tauchen und springen bis wir hungrig sind und in *Lasse Maja's Krog* am Hafen Pizza mit Krabben und Crème fraîche bestellen. Von der Terrasse des *Societetshuset* (gleich neben dem Vandrarhem) beobachten wir beim Abendessen den Sonnenuntergang, der erst gegen Mitternacht wirklich der Dunkelheit weicht. Danach verwandelt sich das Restaurant in die örtlich angesagte Disco. Weil der DJ ein netter Mensch ist und nicht nur Techno spielt, bleiben wir, bis es längst wieder hell wird und der Tag langsam zurückkehrt. Ein silberner Schimmer liegt über dem Meer und als wir vor dem Schlafengehen noch einmal ins Wasser tauchen, haben wir nicht den geringsten Zweifel daran, dass hier – wo denn sonst? – die Trolle und Elfen leben. *Anna von Bayern*

WOHNEN *Elite Park Avenue Hotel* Kungsportsavenyn 36–38, Tel. 00 46 / 31 / 7 27 10 00, DZ ab 200 Euro, www.elite.se; *Marstrands Vandrarhem* Skepparegatan 5, Marstrand, Tel. 303 / 60 455, www. marstrandsvandrarhem.se, DZ ab 60 Euro **ESSEN** *Sjömagasinet* Tel. 31 / 77 55 920, www.sjomagasinet.se; *Societetshuset* Tel. 303 / 60 600, www.societetshuset.se **AUSFLÜGE** *Liseberg's Vergnügungspark* Tel. 31 / 40 01 00, Eintritt ab 6,50 Euro, Parkplätze zwischen Örgytevägen und Södra Vägen, www.liseberg.se; *Rösska Musset* Vasagatan 37–39, Tel. 31 / 61 38 50, www.designmuseum.se, Dienstag 12.00 – 20.00 Uhr, Mittwoch bis Sonntag 12.00 – 17.00 Uhr, Eintritt ca. 4,50 Euro

DER PERFEKTE BEGLEITER Astrid Lindgrens »Pippi Langstrumpf«, alle Bände erschienen im Oetinger Verlag.

Santa Maria di Castellabate — ITALIEN

Das perfekte Wochenende in Santa Maria di Castellabate beginnt am Flughafen von Neapel, wo man zur Einstimmung einen Cappuccino in der »Blu Bar« trinken sollte. Dort herrscht ein derartiger Andrang, dass die Virtuosen hinter der Theke den Espresso praktisch ununterbrochen durchlaufen lassen. Im Mietwagen lässt man dann die einschlägigen Attraktionen – Amalfiküste, Sorrent, Capri – rechts liegen. Dafür geht es weiter Richtung Süden, über staubige Ausfallstraßen, bis die vielbesungene Steilküste flach, sandig und unbekannt wird. Einer der ersten Orte in diesem Landstrich namens Cilento heißt Santa Maria di Castellabate – das verwinkelte Castellabate liegt auf dem Hügel, Santa Maria direkt am Meer. Was macht vor allem letzteres so besonders? Man hat das Gefühl, an einen Ort zu kommen, der sich selber völlig genügt. Auf der Piazza Santa Lucia mit der *Belleville-Bar*, dem Mittelpunkt Santa Marias, sitzen Tag für Tag einige braungebrannte alte Herren und spielen Karten, und immer tragen sie Wollpullover über den Hemden, egal wie warm es ist. Das Leben in Santa Maria spielt sich größtenteils an zwei Schauplätzen ab: morgens und abends in der engen, autofreien Straße, die an der Piazza endet, dem Corso Materazzo. Dort gibt es ein paar Geschäfte, die alles haben, was man braucht, um etwa ein großartiges Mittagspicknick zusammenzustellen: mit Chili und Olivenöl marinierte Sardinen im Fischladen *Totonno*; im *Bufalina* gegenüber Brot, Schinken und den für die Region berühmten Büffelmozzarella, der so gut schmeckt, dass man den üblichen Käse, der einem in deutschen

Supermärkten unter diesem Namen angedreht wird, nur noch als Spülschwamm benützen will. Tagsüber ist man am Meer, gleich unterhalb des Corso. Am linken und rechten Rand von Santa Maria verlaufen lange feine Sandstrände; in der Mitte des Ortes bildet der Strand eine halbkreisförmige Bucht, die von jahrhundertealten Gebäuden umgeben wird. Dort liegt auch das *Hotel Sonia*, ein einfaches, angenehmes Hotel mit gutem Fischrestaurant mit Blick aufs Meer. Gerade für Reisende mit kleinen Kindern ist diese Bucht ideal, da die hohen, alten Gebäude – ein seltener Luxus am Meeresstrand – bis mittags Schatten spenden. Zwei, drei Tage an diesem Ort mit seinem immergleichen Rhythmus, und ein Wochenende erfüllt alle Sehnsüchte eines weitaus längeren Urlaubs. Auf dem Rückweg Richtung Neapel, wenn sich die Busladungen von Touristen stolz von ihrem Pensum erzählen (»today we did Capri, Pompeji and Positano«), ist man froh, ein paar Kilometer weiter südlich gelandet zu sein.

Andreas Bernard

WOHNEN *Hotel Sonia* Via Gennaro Lambi 25, Santa Maria di Castellabate, Tel. 0039/0974/961512 **ESSEN&TRINKEN** *Bar Belleville* Piazza Santa Lucia; *Totonno* Corso Materazza; *Buffalina* Corso Materazza

DER PERFEKTE BEGLEITER der Roman »Christus kam nur bis Eboli« von Carlo Levi, Band 61 der SZ-Bibliothek – die große literarische Erzählung über den italienischen Süden.

Frankfurt — DEUTSCHLAND

Frankfurt tut eigentlich nur so, als ob es Großstadt wäre: Die Hochhausfassaden verstecken kleinstädtisches Leben. In Frankfurt leben Menschen wie ich, die eine Großstadt um sich herum wünschen, gleichzeitig aber eine Großstadt nicht ertragen. Emelie versteht das langsam. Einmal im Jahr kommt sie mich aus Schweden besuchen, der eigentliche Grund ist natürlich eine Messe, so wie bei den meisten anderen Besuchern Frankfurts auch. Sie mietet sich im *Hotel Goldmann 25 hours* ein, besucht bis Freitagnachmittag brav ihre Messe und ruft dann an: »Frankfurt fühlt sich an wie Amerika – nur der Flug ist viel kürzer.« Um dieses Gefühl zu verstärken treffe ich mich mit ihr am *Main Tower*, einem Hochhaus mit einer Bar in 200 Meter Höhe. Die Sonne geht hinter den Bergen des Taunus unter, orangefarbene Wolkenfetzen ziehen über den Himmel, unten schwimmen Autos durch Häuserschluchten, in der Ferne leuchtet der Flughafen. Man könnte hier ewig sitzen und in die Stadt hinein gucken. Emelie aber will weiter, in das Restaurant *Silk* im *Cocoon Club*, das sich die Frankfurter DJ Legende Sven Väth ausgedacht hat: eine Komposition aus asiatischen Klängen, weißen Sofas, und Licht, das wie aus Wasserfällen an den Wänden herunterrieselt. Das Zehn-Gänge-Menü wird entspannt im Liegen gegessen und zum Tanzen kann man nach dem Essen gleich in den Club weiterziehen. Unser Programm am nächsten Tag beginnt mit einem Frühstück in einem der Cafés an der *Alten Oper* und geht weiter mit einem fälligen Stilbruch: Wir steigen an der *Paulskirche* in den *Ebbelwei-Express* ein, fahren in dieser historischen Straßenbahn durch die Stadt und trinken dazu Apfelwein. Danach besuchen wir die Äppler-Kneipe *Zum Feuerrädchen*. Emelie muss die Frankfurter Spezialität »Handkäs' mit Musik« probieren. Das ist Brot mit Sauermilchkäse, Zwiebeln und Kümmel. Der Abend endet am dem Ort in der Stadt, der alle Gegensätze vereint: dem *Main Cafe*. Menschen sitzen an Holzbänken am Fluss. Ein warmer Wind weht, gegenüber funkelt das aufbrausende Meer aus Hochhauslichtern. Emelie sagt: »Gewaltige Kulisse und trotzdem irgendwie gemütlich.« Hier ist sich Frankfurt selbst am nächsten – weit weg von Amerika.

Sebastian Kisters

WOHNEN *Hotel Goldmann 25hours*, Hanauer Landstraße 127, Tel. 069/40586890, DZ ab 90 Euro, www.25hours-hotels.com **TRINKEN** *Main Tower Restaurant & Bar* Neue Mainzer Straße 52–58, Tel. 36504777, täglich geöffnet ab 17.30 Uhr, www.maintower-restaurant.de *Main Café* am Schaumainkai zwischen Untermainbrücke und Holbeinsteg, im Sommer von 10.00–2.00 Uhr geöffnet **ESSEN** *Silk* im *Cocoon Club* Carl-Benz-Straße 21, Menü startet um 20.00 Uhr, Reservierungen unter Tel. 900200, www.cocoonclub.net; *Zum Feuerrädchen* Textorstraße 24, Tel. 66575999 **AUSFLUG** *Ebbelwoi-Express* Fahrpreis 6,00 Euro. Fahrplan unter www.ebbelwoi-express.com

DER PERFEKTE BEGLEITER ein Faltrad – für eine Fahrradtour entlang des Mains mit Blick auf die Skyline.

Juli
07

Juli

01

02

03

04

05

06

07

08

09

10

11

12

13

14

15

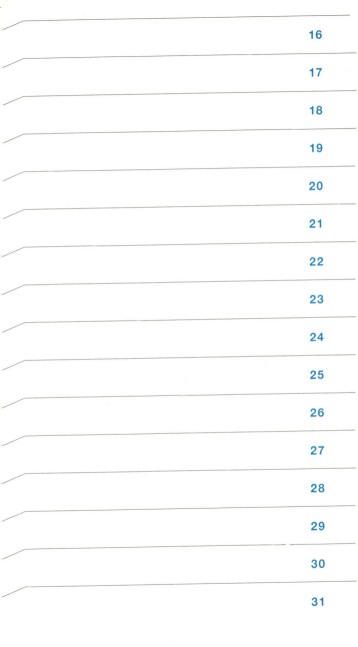

Alpbach — ÖSTERREICH

Eigentlich ist unser Haus in Alpbach zu schön, um es zu vermieten. Das sagen zumindest die Leute, die bisher darin gewohnt haben. In dem Ort, der sich offiziell »das schönste Dorf Österreichs« nennen darf, mussten lange Zeit alle Häuser im traditionellen Bauernhausstil mit flachen Schindeldächern gebaut werden – deswegen sehen hier viele Häuser so hübsch aus. Die meisten Urlauber wissen gar nicht, dass sie im Haus von Johannes Heesters Urlaub gemacht haben. Das Haus gehört im Grunde ja auch meiner Frau Simone Rethel, deren Vater Alfred es eingerichtet hat. Meine Frau ist in Alpbach sogar aufgewachsen. Zusammen haben wir dort wunderbare Zeiten verbracht. Ich genieße es, von unserer Terrasse auf die Berge zu blicken. Am Wochenende schlafen wir meist aus, bis uns die Kühe mit ihren Glocken wecken, oder wir wachen vom Rauschen des Alpbachs auf. Das Frühstück mit frischer Milch holen wir von unserer Nachbarin Rosi, einer ganz herzlichen Person. Danach arbeitet meine Frau im Garten, wo sie gegen Wühlmäuse kämpft. Ich schwimme dann im Pool oder setze mich auf die Terrasse direkt am Bach oder in unser Kaminzimmer. Für dieses Zimmer hat sich der Großvater meiner Frau etwas ganz Besonderes ausgedacht. Als Flugzeug-Konstrukteur hat er eine Klappe in den Fußboden des Wohnzimmers eingebaut, die aufspringt, wenn man im Sessel auf einen Knopf drückt. Über eine Treppe gelangt man dann ins Kaminzimmer darunter. Diesen Mechanismus probiere ich wieder und wieder aus und bin immer wieder erstaunt, wie gut er funktioniert.

Natürlich kann man von Alpbach aus auch das schöne Tirol erkunden. Der spektakulärste Wanderweg führt auf knapp 1900 Meter Höhe um das Wiedersberger Horn herum. Oben, an der Gondelstation, liegt die *Dauerstoa Alm*, wo man hausgemachte Kässpätzle und Tiroler Gröstl essen kann. Meine Frau wandert auch gern im Roßmoos südöstlich von Alpbach, da gibt es zwei Jausenstationen und viele alte Bauernhäuser zu bestaunen. Im *Gasthof Roßmoos* bestellen wir Wild, denn der Wirt ist Jäger. Wenn wir etwas zu feiern haben, besuchen wir den *Böglerhof*, in dem man Tiroler Küche auf Sterneniveau bekommt. Wenn wir es mal deftiger mögen und Lust auf einen richtigen Schweinsbraten haben, dann gehen wir zum *Jakober*. Obwohl ich finde, dass der Kaiserschmarrn dort fast noch besser ist. *Johannes Heesters*

WOHNEN *Kupferhäusel* in Alpbach für etwa sechs Personen, 120 Euro am Tag, Zinnhäusel für zwei Personen, 65 Euro am Tag. Beides zu buchen über www.simone-rethel.de **WANDERN** mit der Wiedersbergerhornbahn auf 1850 Meter fahren und den Panoramaweg nehmen, einkehren auf der *Dauerstoa Alm* Tel. 0043/664/1051929; Roßmoos südöstlich von Alpbach am Oberen Höhenweg gelegen **ESSEN** *Gasthof Roßmoos* der Familie Moser, Tel. 5336/5305; *Romantikhotel Böglerhof* in Alpbach, Tel. 52270; *Gasthof Jakober* Alpbach, Tel. 5171

DER PERFEKTE BEGLEITER die Fußpflegecreme »Baume du Pelerin« der Mönche aus dem Kloster Ganagobie.

Camargue — FRANKREICH

Meine Vorstellung von Vollkommenheit liegt eine Autostunde von Marseille entfernt in der Camargue. Kurz vor Le Sambuc führt eine Oleander-Allee zum Landgasthof *Mas de Peint*. Zum Gutshof aus dem 17. Jahrhundert gehören 550 Hektar Land, auf dem der Besitzer Jacques Bon Pferde und Rinder züchtet und biologischen Reis anbaut. Bon freut sich über jeden Gast, der zusammen mit ihm zu seinen Herden reitet. »Nur zu Pferde kann man die Schönheit der Camargue sehen«, sagt er. Das Hotel ist die Domäne seiner Frau Lucille, die sein Geburtshaus mit Geschmack umgebaut hat. Nichts wirkt protzig, obwohl alles sehr luxuriös ist: die Bettwäsche aus baskischem Leinen in den zehn Zimmern und drei Suiten, die Eingangshalle mit dem Lüster und den Bauernschränken, der Blick aus dem Restaurant in die Küche, der Pool. Das ganze Ambiente gleicht Madame: stilsicher, elegant, unaufdringlich. Die hervorragende Küche wird eigentlich nur übertroffen vom fünf Minuten entfernten Restaurant *La Chassagnette*. Inmitten eines spektakulären Gemüsegartens steht das Lokal, in dem der Küchenchef Jean-Luc Rabanel ein Menü mit zwanzig Gängen zubereitet. Der Hauptgang aus Fisch oder Fleisch wird von zwölf verschiedenen »tapas camarguaises« und später von acht (ja acht!) Desserts eingerahmt. Die Zubereitung des Essens ist so außergewöhnlich, dass »La Chassagnette« kurz nach seiner Eröffnung einen Stern im Guide Michelin bekam. So eingestimmt möchte man jeden Gang zu Hause nachkochen. Dazu gehören ein erstklassiges *Olivenöl* (zu kaufen im

Schloss d'Estoublon, nur 45 Minuten vom Hotel entfernt), *Konfitüren* und *Honig* (vom Gutshof Gréoux, 50 Minuten), *eingelegtes Obst* und *Fleur Du Sel* (vom La Chassagnette) und *Camargue-Reis* (direkt von Monsieur Bon). Versteht sich von selbst, dass unter so einem Wochenende die Bikinifigur leidet. Man kann die Pfunde jedoch bildungsfördernd ablatschen, denn von Anfang Juli bis Mitte September finden im nahen Arles die *Rencontres Internationales de la Photographie* statt, eine Fotomesse mit Bildern der wichtigsten Fotografen der Welt. Oder man geht in Madame Bons Hotel-Boutique: Dort gibt es entzückende, alles gnädig verhüllende Kaftane. *Eva Fischer*

WOHNEN *Mas de Peint* Le Sambuc, Arles, Tel. 0033/4/90972062, DZ ab 197 Euro, www.masdepeint.com **ESSEN** *La Chassagnette* Le Sambuc, Arles, Tel. 90972696, www.chassagnette.fr, Mittagsmenü für 37 Euro, Abendmenü 60 Euro; unbedingt *eingelegtes Obst* und *Gemüse* sowie *Fleur Du Sel* mitnehmen; *Olivenöl* Château d'Estoublon, Route de Maussane, Fontvieille, Tel. 90546400, geöffnet täglich 10.00–19.00 Uhr, www. estoublon.com; *Konfitüren und Honig* Mas de Gréoux, Maussane-les-Alpilles **FOTOMESSE** *Rencontres Internationales de la Photographie* in dreißig Museen, Kirchen, Eisenbahndepots und Galerien, jedes Jahr von Anfang Juli bis Mitte September, Arles, www.rencontres-arles.com

DER PERFEKTE BEGLEITER eine Fotokamera von Leica.

Nida — LITAUEN

Würde der Seeräuber Klaus Störtebeker hier und heute zu neuem Leben erwachen, er könnte an seinen Wochenenden in Nida, Litauen, an der Kurischen Nehrung entspannen. Warum? Erstens kommt er da prima mit dem Schiff hin. Zweitens erinnert dort wenig an die Hektik unserer modernen Welt. Und drittens erschrecken die 1550 Einwohner nicht, wenn sie bärtige Seeräuber sehen; denn hier drehte die ARD den Abenteuerfilm Störtebeker. Um nicht aufzufallen, könnte der Pirat sich in der *Vila Kaspaleja* einquartieren, wo auch das Filmteam wohnte. Die Zimmer wurden mit hellem Holz eingerichtet, im Keller gibt es ein kleines Schwimmbecken. Den Samstag verbringen die Menschen aus der Umgebung am kilometerlangen Ostseestrand oder spazieren durch Nida, ein wunderschönes altes Fischerdorf voller dunkelbrauner Häuser mit blauen Fensterrahmen. Kurz hinter dem östlichen Ortsausgang steht das Haus eines weiteren berühmten Deutschen: Thomas Mann liebte Nida und verbrachte hier von 1930 bis 1933 seinen Sommerurlaub. Von der Veranda aus kann man in der Bucht beobachten, wie die Fische über das Wasser springen. Auf dem Rückweg bietet sich die Terrasse des Gasthauses *Sena Sodyba* (Alter Hof) für eine kleine Stärkung an – am besten die deftigen, gerösteten Brothappen namens »Duona su cesnako« und dazu ein Bier der Marke »Svyturys«. Für das Sonntagsessen wählen viele Litauer das etwas edlere Restaurant *Seklycia*. Besonders gut schmecken hier die frischen Schollen. Vom »Seklycia« führt ein Fußweg am Wasser entlang zu einem

Aussichtspunkt auf die 52 Meter hohe Parniddener Düne. Von dort könnte Störtebeker, wie gewohnt, die Ostsee ausspähen. Aber aufgepasst: Wer von der Düne aus eine Stunde in Richtung Südwesten läuft, betritt russisches Gebiet. In Gedanken versunken übersieht man leicht die Warnschilder. Die russische Grenzpolizei greift Wanderer aber nach wenigen Schritten ins Sperrgebiet routiniert auf, schimpft sie aus, kassiert ein Bußgeld und bringt sie nach Litauen zurück – egal ob Seeräuber, Tourist oder beides.

Sebastian Glubrecht

WOHNEN *Vila Kaspaleja* DZ ab 43 Euro, Tel. 00370/469/52390, www.lineja-hotel.lt **ESSEN** *Gasthof Sena Sodyba* Nagliu st. 6, Tel. 52782, nebenan: *Fischräucherei Pas Jonas*; *Restaurant Seklycia* Lotmiskio st. 1, Tel. 50000

DER PERFEKTE BEGLEITER die vier Bände »Joseph und seine Brüder«, die Thomas Mann unter anderem in Nida geschrieben hat, erschienen im Fischer Verlag.

Reykjavik — ISLAND

Am besten beginnt man das Wochenende in Reykjavik da, wo die Stadt am schönsten ist: in einem der unzähligen Thermalbäder. Wir gehen in den *Vesturbaejar Pool*, gleich um die Ecke der Universität. Nach der letzten Vorlesung am Freitag füllen sich die Pötte mit Menschen, und während wir noch grübeln, ob hier gerade ein Casting für das neue Bond-Girl stattfindet, beratschlagen die anderen im Bottich, welches die besten Bars für die Nacht sind. Wir lernen, dass wir zuerst ins *Kaffi Brennslan* gehen müssen. Dort gibt es 61 Biersorten. Zum Glück liegt der nächste Club nicht weit entfernt: Weil die Stadt auf einer Landzunge gebaut wurde und sich alle guten Hotels, Restaurants und Bars an ihrer Spitze versammeln, muss man in Reykjavik nur kurze Fußwege zurücklegen. Das *Nasa*, ein altes Theater, liegt gegenüber dem Kaffi Brennslan. Auf der Bühne spielen Bands, die sich anhören, als würde einer der vielen Vulkane Islands ausbrechen. Nach dem Konzert spazieren wir weiter und entdecken, dass die Kneipen in Reykjavik so sind wie der Rest des Landes: kühl, minimalistisch, trotzdem überschäumend wie ein Geysir. Um drei Uhr nachts sind alle Kneipen voll, wenig später auch alle Isländer. Ab halb fünf treffen sich Hunderte zum Tanzen und Telefonieren auf der Wiese vor dem Parlamentsgebäude. Wem für beides die Kraft fehlt, der geht zur Hotdog-Bude *Bæjarins Bestu* an der Straße Tryggvagata. Ein Hotdog, der Blick über die schneebedeckten Berge und die Nachtsonne machen den Kopf wieder klarer. Die Spuren der Party heilen am nächsten Morgen, wieder im Wasser. Zu unserem *Hotel Nordica* gehört zwar auch ein Spa, wir gehen aber lieber in das größere *Laugar Spa* gegenüber. Dort baden wir in heißen Meerwasserbecken und sitzen vor Kaminfeuer. Danach schlendern wir über den *Flohmarkt* an der Tryggvagata, wo es Berge von getrocknetem Fisch gibt. Wir essen aber lieber frischen im Restaurant *Perlan*, der »Perle«: ein Drehrestaurant, das auf riesigen Warmwassertanks thront, mit deren Hilfe die Bürgersteige beheizt werden. Vor dem Heimflug wollen wir noch der Erde bei ihrer Arbeit zusehen und nehmen an der »Golden Circle-Tour« rund um die Stadt teil: Geysire, Wasserfälle, Lavafelder. Und dann: die *Blaue Lagune*, ein Thermalsee südlich von Reykjavik. Schon wieder liegen wir im Wasser, Regentropfen fallen vom Himmel, wir schließen die Augen, bleiben liegen, bis es zu spät ist für den Rückflug. *Sebastian Kisters*

WOHNEN *Nordica Hotel* Sudurlandsbraut 2, Tel. 003 54/444/50 00, DZ ab 315 Euro, www.nordicahotelreykjavik.com **FEIERN** *Kaffi Brennslan* Posthusstraeti 9; *Nasa* Austurvöllur 101 **FLOHMARKT** *Tryggvagata* Sa/So 11.00–17.00 Uhr **ESSEN** *Perlan* Öskjuhlid 105, Tel. 562/02 00, www.perlan.is; *Bæjarins Bestu* Tryggvagata **BADEN** *Vesturbaejar Pool* Hofsvallagata 104, www.visitreykjavik.is; *Laugar Spa* Sundlaugavegur 30a, www.laugarspa.is; *Blaue Lagune* Grindavik 240, www.bluelagoon.com

---

DER PERFEKTE BEGLEITER Musik von Björk: Das wegweisende »Debut« der exzentrischen Isländerin.

Venedig — ITALIEN

Flavio war wunderbar. Der rote Saft der Wassermelone zog eine Spur bis zu seinem Ellenbogen, als er uns ein Stück entgegenstreckte. Sein Kahn schaukelte im Kanal, ich saß mit einer Freundin am Kai. Unsere nackten Füße baumelten am Rand und die erste Flasche Wein war längst geleert. Um uns herum feierte Venedig die *Festa del Redentore*, das schönste Gelage, das die Stadt zu bieten hat. Von Samstag auf Sonntag schieben sich am dritten Wochenende im Juli die Feiernden über eine schwimmende Brücke auf die Insel Giudecca, die sonst nie zu Fuß zu erreichen ist, um der Befreiung der Stadt von der Pest zu gedenken. Dutzende Tische unter bunten Lampions bilden eine lange Reihe. Auf dem Kanal wird es eng, weil die Bootsbesitzer ihre Kutter aneinander schnüren. Die Krönung ist das Feuerwerk, bei dem einem der Hals starr wird. Natürlich sind wir übernächstes Wochenende wieder mit dabei. Zugegeben, wir wohnen in einem etwas überteuerten Hotel, dem *DD.724*. Es hat nur sieben Zimmer, alle mit Blick auf einen kleinen Kanal. Dennoch ist der Ort gut gewählt: Das Hotel liegt ganz nah bei der schwimmenden Brücke. Außerdem gibt es um die Ecke den besten Cappuccino Venedigs, in der *Bar da Gino*, deren Besitzer aber Emilio heißt. Wer hier an drei aufeinander folgenden Tagen an seiner Tasse nippt, wird ein Freund der Familie. Für gutes Essen muss man sich in den Gassen ein bisschen verirren. Die *Osteria Bancogiro* findet man, wenn man auf den bescheuerten Aufkleber an der Tür »Life is too short to drink bad wine« achtet. Der ist als Zeichen für hervorragende Küche zu deuten. Der Koch trägt einen beeindruckenden grauen Bart und bereitet Spargelpudding oder Tunfisch mit Limone und Kümmel zu, die er auf der Piazza hinter dem Haus serviert. Der *Campo Cesare Battisti* liegt gleich um die Ecke. Hier trifft man sich zu einer orangefarbenen Flüssigkeit namens Spritz, einer Weinschorle mit Aperol, Campari oder Cynar. Danach laufen wir schnell zurück zur schwebenden Brücke und suchen einen guten Platz auf der Giudecca – an dem mir hoffentlich auch in diesem Jahr ein schöner Mann ein Stück Wassermelone unter die Nase halten wird.

Julia Rothhaas

WOHNEN *DD.724* Dorsoduro 724, Tel. 0039/041/2770262, www.dd724.it, DZ ab 200 Euro pro Nacht **ESSEN** *Bar da Gino* Dorsoduro 853/A, Piscina Venier, Tel. 5285276, So Ruhetag; *Osteria Bancogiro* Campo San Giacometto, S. Polo 122, Tel. 5232061, So Abend und Mo Ruhetag **ANSCHAUEN** *Festa del Redentore* jeweils am dritten Juli-Wochenende, außerdem findet die *Kunstbiennale* alle zwei Jahre in Venedig statt, www.labiennale.org

DER PERFEKTE BEGLEITER Donna Leons »Commissario Brunetti« Romane und das Portrait ihrer Wahlheimat »Mein Venedig«, alle erschienen im Diogenes Verlag.

Bodensee — DEUTSCHLAND

Das richtige Meer ist weit. Also fahren wir ans schwäbische. In der *Pension am Bodensee* in Kressbronn ist es schwer, nicht sofort ins Schwärmen zu geraten: ein altes Fischerhaus, umgebaut zur Ferienvilla, jedes der acht Zimmer mit ausladender Veranda. Zum Frühstück gibt es Trauben-Whiskey- oder Pflaumen-Lavendel-Marmelade auf Bauernbrot – alles selbst gemacht. Bei schlechtem Wetter kann man hier den ganzen Tag verbummeln. Im Wohnzimmer lodert ein Kaminfeuer, in der Bibliothek stehen gemütliche Sofas, und die Sauna liegt direkt am See – wenn man drinsitzt, guckt man in die Schweiz oder den Haubentauchern zu. Bei gutem Wetter empfiehlt es sich, den Wellness-Teil auf den Abend zu verlegen. Dann ist die Stimmung sowieso am schönsten und alles leuchtet im Fackelschein. Außerdem verleihen die Wirtsleute tagsüber gute Fahrräder. Also los: immer am See entlang und nur zum Kaffee mit 32-Torten-Auswahl im 250 Jahre alten *Hotel Bad Schachen* anhalten. Kann sein, dass Schönheitschirurg Dr. Mang aus Lindau im Konferenzsaal nebenan über Fettabsaugung referiert, während man selbst gerade Sahne-Kirsch in sich hineinstopft. »Wo aber Gefahr ist, da wächst das Rettende auch.« Das schrieb Hölderlin, der Lindau 1801 mit dem Ruderboot ansteuerte. Dann verabschiedet man sich vom See und radelt ins Hinterland, fühlt sich in tiefer Provinz. Nichts Mondänes mehr weit und breit. Einkehr in der *Seerose* in Nitzenweiler. Wirt Adelbert brennt Schnaps und vermietet auch. Seine Herberge ist ein echter Knaller für Familien mit Kindern: viel Platz ums Haus, Tiere, erfreuliche Preise, riesige

Portionen Kässpätzle und der See trotzdem nur vier Kilometer entfernt. Wenn Nachbars Kuh entwischt, dann lässt Adelbert seine Gäste auch mal eine halbe Stunde aufs Essen warten. Dafür setzt er sich dann an den Tisch, erzählt Geschichten aus seiner Kindheit und lacht so grölend, dass nicht nur sein Bier, sondern vermutlich der ganze Bodensee wackelt. *Nina Poelchau*

WOHNEN&ESSEN *Pension am Bodensee* Bodanstraße 7, 88079 Kressbronn am Bodensee, Tel. 07543/7382, DZ mit Frühstück 70 bis 150 Euro, www.pension-am-bodensee.de; *Hotel Bad Schachen* Bad Schachen 1–5, 88131 Lindau, Tel. 08382/2980, www.badschachen.de; *Gasthaus »Seerose«* Adelbert Rist, Nitzenweiler, Tel. 07543/6489, www.gasthaus-seerose.de, DZ mit Frühstück 36 bis 39,50 Euro **ANSEHEN** *Kunsthaus Bregenz* Karl Tizian Platz, A-6900 Bregenz, Tel. 0043/5574/48594-0, www.kunsthaus-bregenz.at **AUSFLUG** *Insel Mainau*, 78465 Mainau, Tel. 07531/303-0, www.mainau.de

DER PERFEKTE BEGLEITER die Novelle »Ein fliehendes Pferd« von Martin Walser, erschienen im Suhrkamp Verlag. Der Autor lebt in Nußdorf am Bodensee.

August
08

August

01

02

03

04

05

06

07

08

09

10

11

12

13

14

15

Amrum — DEUTSCHLAND

Seitdem ich nach Hamburg gezogen bin, habe ich zwei Dinge schnell gelernt. Erstens: Die Nordsee ist ganz nah, auch wenn man zweieinhalb Stunden mit dem Auto dorthin braucht. Zweitens: Sylt ist für andere. Also Amrum. Unsere Hamburger Freundin hat hier viele Kindheitssommer verbracht. Sie zeigt uns das Haus von Jörg Pilawa und das *Öömrang-Hüs*, Amrums schönes Heimatmuseum. Wir selbst wohnen in *Oomes Hüs*, Omas Haus. Fast alles trägt hier so lustige friesische Namen. Wir haben uns in Nebel einquartiert, natürlich, denn das hatte uns die Freundin schon vorher eingeimpft: Auf Amrum wohnt man nur in Nebel! Wenn man sich die anderen beiden Orte der Insel ansieht, dann versteht man, warum: Natürlich wollen wir in einem Ort wohnen, der an Auenland erinnert, das Land der Hobbits! Man fährt eigentlich auch nur mit dem Auto auf die Insel, um es dann stehen zu lassen. Also leihen auch wir uns Fahrräder – das macht man hier so. Dass wir als Erstes auf die stille Wattseite fahren, ist letztlich nur ein Alibi, denn wir wollen vor allem schnell ins *Teehaus Burg* am Rande von Norddorf, außerdem zum *Fischbäcker*, um Matjes zu kaufen. In Norddorf gibt es noch das *Kino Lichtblick*, wo die Filmrollen einmal die Woche per Motorflugzeug eingeflogen werden – vorausgesetzt, es herrscht Windstille. Manchmal läuft ein Film dann eben eine Woche länger als geplant. Nicht weit vom Kino essen wir Friesentorte im *Café Schult*: ein Pfund Schlagsahne zwischen zwei Blätterteigschichten mit herrlichem Pflaumenmus. Alteingesessene Amrum-Reisende sind mittlerweile auf die Buchweizentorte mit Waldbeercreme umgestiegen. Wir wollen noch den Strand sehen, den kilometerlangen Kniepsand vor einem Feuerball von Sonne, und da trifft es sich gut, dass es an der *Strand-Halle* in Nebel sehr solide Pommes gibt. Die Freundin erzählt, dass einer Amrumer Legende zufolge ein Wassergeist an den Strand gespült wurde und ein heftiger Wind den Sand zu diesen kilometerweiten Dünen auftürmte – so lange, bis der Wassergeist wieder ins Wasser zurückgeweht wurde. Amrum ist voller solch surrealer Geschichten. Das liegt vielleicht daran, dass das Leben hier so überschaubar ist. Die Übersichtlichkeit lenkt die Sinne auf Details: Seevögelkreischen, Heideduft, feuchtdunkles Watt, piekskühle Brise. Und auf den feinen Sand, den mein Sohn andächtig durch seine kleinen Hände rieseln lässt – als hätte jedes Körnchen seinen besonderen Wert.   *Silke Stuck*

WOHNEN *Oomes Hüs Ferienhaus* über Klaus-Möller-Stiftung Hamburg, Tel. 040/8807907 oder www.amrum-alternativ.de, 2-Personen-Wohnung ab 50 Euro/Tag **ANSCHAUEN** *Öömrang-Hüs Heimatmuseum* Waaswai 1, Nebel, Tel. 04682/1011; *Kino Lichtblick* Triihuk 1, Norddorf, Tel. 96200 **ESSEN** *Café Schult* Ual Saarepswai 9, Norddorf, Tel. 2234; *Teehaus Burg* Boragwai 2, Tel. 2358; *Zum Fischbäcker* Lunstruat 11–13, Norddorf, Tel. 2028; *Strandhalle Nebel* Strunwai 44, Nebel, Tel. 961506

DER PERFEKTE BEGLEITER handgefertigte Gummistiefel des französischen Traditionsunternehmens »Le Chameau«.

Derbyshire — GROSSBRITANNIEN

London ist meine absolute Lieblingsstadt. Aber natürlich muss man auch mal aus der Stadt raus. Bei den Dreharbeiten zu der Verfilmung von Jane Austens Roman »Stolz und Vorurteil« habe ich das ländliche England schätzen gelernt. Besonders im Spätsommer ist die Landschaft verblüffend schön. Man muss das einfach gesehen haben: diese sich weit hinziehenden Hügel und die großen Landhäuser – es gibt nichts Romantischeres! Fürs Wochenende würde ich immer wieder nach Derbyshire reisen, in den Peak District. Mit der Filmcrew wohnten wir dort in einem fantastischen Hotel, dem *Peacock* in Rowsley, mit antiken Möbeln und wunderbarem Essen. Das Gebäude wurde im 17. Jahrhundert erbaut und war früher das Witwenhaus von *Haddon Hall*, ein Schloss, in dem wir Innenaufnahmen machten. Der schönste unserer Drehorte liegt nur wenige Meilen entfernt: das Landhaus *Chatsworth*. Literaturexperten glauben, es könne als Vorbild für Pemberley gedient haben, den Landsitz von Mr. Darcy, dem Mann, den Elizabeth Bennet – im Film spiele ich sie – nach einigen Verwicklungen heiratet. Zu Jane Austens Zeiten wurden Besucher von der Haushälterin durch die Zimmer geführt, heute übernehmen das Leute von der Tourismusbehörde, aber sonst kann man sich fühlen wie die staunende Elizabeth. Sogar die Büste von Mr. Darcy aus dem Film ist jetzt im Chatsworth House ausgestellt. Schon als Siebenjährige habe ich mein Puppenhaus Pemberley genannt, aber den Park habe ich mir nicht so schön vorstellen können wie den von Chatsworth. Wilder ist die Landschaft an den Felsen von Stanage Edge, wo wir eine sehr romantische Szene gedreht haben – die Felsen sind eine beeindruckende Kulisse für eine Wanderung durch das Hope Valley; immer in der Hoffnung, dass es nicht regnet. Obwohl: Mit matschigen Schuhen kann man sich vielleicht noch mehr fühlen wie Elizabeth Bennet – ihren Darcy hat sie damit nämlich sehr beeindruckt.

Keira Knightley

WOHNEN *The Peacock At Rowsley* Derbyshire, Tel. 0044/1629/733518, DZ mit Vollpension ab 278 Euro, www.thepeacockatrowsley.com **ANSCHAUEN** *Chatsworth House* Bakewell, Derbyshire, geöffnet tägl. 11.00–17.30 Uhr, Eintritt 16 Euro, www.chatsworth-house.co.uk; *Hadon Hall* Bakewell, Derbyshire, Mai bis September tägl. geöffnet 10.30–17.00 Uhr, November bis Februar geschlossen, Eintritt 13 Euro, www.haddonhall.co.uk; *Stanage Edge* Wanderweg ab Hathersage, Derbyshire. Weitere Infos: www.visitpeakdistrict.com

DER PERFEKTE BEGLEITER das Buch »Stolz und Vorurteil« von Jane Austen, in der Übersetzung erschienen im Fischer Verlag oder im englischen Original von Penguin Popular Classics.

Millstatt am See — ÖSTERREICH

Ich kann die Kraft nicht spüren. Beim besten Willen nicht. Ich stehe auf dem Mirnock, einem Berg in Kärnten, der angeblich magische Kräfte besitzen soll, und schaue hinab auf den Millstätter See. Wunderschön. Aber ich fühle nichts. Frau Peternell sagt, ich sei grobstofflich und energetisch aus der Balance. Sie muss das wissen, denn sie hat soeben meine Aura mit einer Art Wünschelrute aus Plastik untersucht. Außerdem soll die Kraftlinie, die sich, wie man sagt, vom Großglockner bis nach Slowenien zieht, ja direkt unter ihrem *Alpengasthof Possegger* hindurch führen. Das ganze Jahr über kommen dort Busladungen voller Menschen an. Dann laufen sie auf einem Feldweg den Berg hinauf zu der Stelle, wo die Kraft besonders stark sein soll. Und alle sagen, sie spürten das Besondere. Nur ich spüre nichts. Dabei bin ich am Tag davor noch voller Kraft mit dem Mountainbike vom Weissensee zur Kohlröslhütte hinaufgefahren. Oben habe ich Kärntner Kasnudeln gegessen, eine Art große Ravioli mit Frischkäsefüllung, und auf dem Weg hinunter über das türkisfarbene Wasser des Bergsees gestaunt. Abends dann verschlang ich im *Gut Lerchenhof* Massen von Gailtaler Speck mit Brot und Schnaps. Aber jetzt stehe ich auf dem Mirnock und fühle die Kraft nicht, und das ist mir ein bisschen peinlich vor Frau Peternell, der von der ganzen Energie sogar die Fingerspitzen kribbeln. Zurück in ihrem Gasthof macht sie mir eine »gelbe Suppe«, mit Zimt drin, Safranfäden und vielen Kräutern. Dazu gibt es mit Rosinen gefüllte Reindlinge und Frau Peternell zeigt Bilder von tibetischen Mönchen, die wegen der Orte der Kraft nach Kärnten gekommen waren. Ich bin wegen der 1200 Seen da, die es in Kärnten gibt. Mit dem Auto schaffe ich bis zum Abend noch drei: den Wörthersee, den Faaker See und den Ossiacher See. Baden, abtrocknen, weiterfahren. Super. Später sitze ich, wieder zurück am Millstätter See, auf der Terrasse der *Villa Verdin*. Bei gegrilltem Saibling und Rotwein aus dem Burgenland lässt man am Ufer auf gusseisernen Gartenstühlen die Nacht hereinbrechen, idealerweise mit dem Schlüssel zum Turmzimmer in der Tasche und einem hübschen Mädchen im Arm. Irgendwann verabschiedet sich die Bedienung und bittet, der Letzte möge die Kerzen ausblasen. Je länger ich dort sitze, trinke und rede, desto mehr glaube ich, doch eine Kraft spüren zu können. Von wegen grobstofflich. *Bastian Obermayer*

WOHNEN *Gut Lerchenhof* Untermöschach 8, A-9620 Hermagor, Tel. 00 43/42 82/21 00, www.lerchenhof.at, DZ ab 66 Euro; viele Angebote für Sommer und Herbst auf www.heimatherbst. kaernten.at; *Alpengasthof Possegger* Gschriet 13, A-9702 Ferndorf, Tel. 42 46/73 19, fam.possegger@aon.at, DZ ab 65 Euro; *Villa Verdin* Seestraße 69, A-9872 Millstatt am See, Tel. 69 912/18 10 93, www.villaverdin.at, DZ ab 70 Euro

DER PERFEKTE BEGLEITER ein knallrotes Gummiboot.

Monaco — MONACO

Ich bin nicht reich, nicht berühmt, eine Yacht habe ich auch
nicht und die Formel 1 ist mir egal. Trotzdem bin ich nach
Monaco gereist. Manchmal muss man sich was gönnen. Und
zwar von Anfang an. Zum Beispiel den *Helikopterflug* auf dem
Flughafen Nizza, bei dem der Hubschrauber seine Nase nach
vorn kippt und in zwei aufregenden Steilkurven knapp über den
Wellen aufs offene Meer Richtung Fürstenland rauscht. Zum
Hotel *Fairmont Monte Carlo* kann man dann vom Flughafen aus
laufen und dabei fast das ganze Land durchqueren; es ist ja nur
etwa halb so groß wie der Englische Garten in München. In dem
Fünf-Sterne-Hotel steigt George Lucas zur Formel 1 ab und zahlt
für seine Suite Nr. 5002 ungefähr 19.000 Euro für fünf Nächte.
Ich buche lieber ein günstigeres Zimmer, denn auf mein Glück
im *Casino* will ich mich lieber nicht verlassen. Der Kioskbesitzer
auf dem Marktplatz erklärt gern den Weg. Er war mal Journalist
und spricht Deutsch, außerdem kennt er die neuesten Gerüch-
te in Monaco. Von den Magazinen an seinem Kiosk lächeln die
Promis, die gerade am Gemüsestand nebenan einkaufen. Abends,
im Hotelrestaurant *L'Argentin*, sitzt Sängerin Shirley Bassey am
Nachbartisch. Sie ist öfter hier. Nur so viel: Es macht mehr Spaß,
sie singen zu hören. Am nächsten Morgen weckt mich der Sen-
der »Radio Monte Carlo« mit feiner Lounge-Musik und die Sonne wirft ihre Strahlen ins Bett. Nach dem Frühstück spaziere ich
zum letzten *Fischer* von Monaco, André Rinaldi, der seinen Fang
seit fast einem halben Jahrhundert jeden Tag am Markt verkauft.
Man kann auch in seinem Kabuff direkt am Hafen einkaufen

116 / August

und sich danach einen Espresso in der *Le Pitchoun Bar* genehmigen. Die Dorade liefere ich beim Chefkoch des Hotels ab, bevor ich in den *Jardin Exotique* fahre. Dieser tropische Kakteengarten ist spektakulär: Wenn man auf einer Bank sitzt, die Blüten der Kakteen und das Meer im Hintergrund betrachtet und dabei den monegassischen Snack *Barbargineu* aus Blätterteig, Mangold und Käse knabbert – ist das noch steigerungsfähig? Aber ja! Durch die zarte Dorade, die mir am Abend auf der Dachterrasse des Hotels serviert wird, begleitet von einem Glas Weißwein, rosa Sonnenglanz und dem sanften Wellenschlag des Meeres. *Matthias Eggert*

WOHNEN&ESSEN *Hotel Fairmont Monte Carlo* und *Restaurant L'Argentin* Tel. 03 77/92/93 50 65 00, www.fairmont.com/montecarlo, DZ ab 299 Euro **HELIKOPTERFLUG** *Heli Air Monaco* vom Flughafen Nizza, sieben Minuten Flug, 80 Euro p. P., Tel. 05 00 50, www.heliairmonaco.com (Taxi kostet ca. 85 Euro!) **EINKAUFEN** *Kiosk am Marché de la Condamine* direkt an der Place d'Armes; *Fischerei André Rinaldi* Stand am Marché de la Condamine an der Place d'Armes oder direkt am Hafen, Quai Antoine 1; *Barbargineu* z.B. im Geschäft A Roca, 33, Boulevard Rainier III, www.aroca.mc **ESSEN** *Bar Le Pitchoun* Avenue de l'Hermitage **ANSCHAUEN** *Jardin Exotique* 62, Boulevard du Jardin Exotique, Tel. 93 15 29 80, www.jardin-exotique.mc, Eintritt 6,90 Euro

DER PERFEKTE BEGLEITER Klatschpresse: die Bunte, Gala oder Paris Match.

Salzburger Land — ÖSTERREICH

Wie ich mir ein perfektes Wochenende im Habachtal verdient habe? Ich habe ein halbes Jahr lang die Klappe gehalten, während sich meine Freundin durch ihre Abschlussarbeit hyperventilierte. Das Habachtal liegt im Pinzgau, Salzburger Land, der Habach rauscht mustergültig, der Wald auch. Wir wandern am Bach entlang und müssen nur an einem ganz steilen Stück länger verschnaufen. Durst haben wir danach, die *Enzianhütte* liegt am Weg, es gibt gerade frischen Topfenstrudel. Von hier ist es nur noch ein Spaziergang zum *Almgasthof Alpenrose*, wo wir unser schlichtes Zimmer beziehen. Ein Wasserfall fällt direkt gegenüber aus der Wand, freundliche Pferde stehen in einer blühenden Almwiese, darüber leuchten die Felsgipfel. Fehlt nur noch Heidi. Statt dessen kommen freche Hüttenkinder, die mit Sieb und Schaufel durch die Gegend poltern, wie einige erwachsene Gäste auch. Grund für diese Ausrüstung sind die *Smaragde*, die direkt hinter der Hütte aus dem Geröll gewaschen werden können. Vor zwei Jahren schwemmte eine freundliche Mure den Edelsteinschutt bis an den Weg. Jetzt können auch Fußkranke, die mit dem *Hüttentaxi* heraufkommen, hier ihr Glück versuchen. Die Hüttenwirtin leiht mir ein »Schauferl« und schon bin ich auf der Suche, immer den »Stern vom Habachtal« vor Augen, einen Smaragd von der Größe eines Golfballs, der 1957 hier gefunden wurde. Meine Freundin spaziert derweil zur *Moa Alm*, wo es Almkäse gibt. Später rümpft sie zweimal die Nase, erst über mein erfolgloses Schürfen und dann darüber, dass ich trotzdem das halbe Habachtal unter meinen Fingernägeln habe. Zur Ablenkung bekommt sie den Smaragdeisbecher in der »Alpenrose« und ich das kapitale Habachtaler Schnitzel. Danach schlafen wir sehr tief. Ich träume von Smaragden, sie von ihrer Abschlussarbeit. *Max Scharnigg*

WOHNEN *Almgasthof Alpenrose* (1384 Meter) geöffnet bis Mitte Oktober, DZ 40 Euro, Tel. 0043/6649/168022 ESSEN *Enzianhütte* Tel. 6566/7383; *Moa Alm* (1410 Meter), *Almkäserei* Tel. 6566/7382 TÄLERTAXI *zur Alpenrose* tägl. 7.45, 9.00, 10.00, 13.30 und 16.30 Uhr ab Parkplatz Habachtal, Hin- und Rückfahrt 11 Euro, Tel. 6566/7451

DER PERFEKTE BEGLEITER das Hörbuch Thomas Bernhards autobiografischer Erzählung »Ein Kind«, gelesen von Lambert Hamel, erschienen in der Süddeutsche Zeitung Edition.

Zagreb — KROATIEN

Man ist sehr erleichtert, wenn der Geist, der einem auf dem Weg vom Flughafen folgt, und einem in der Hauptstadt Kroatiens immer wieder begegnet, irgendwann beim Namen genannt wird: »Der Krieg hat Spuren hinterlassen«, sagt Amelia Tomasevic, Chefin des Zagreb Tourist Board. Wir sitzen im *Regent Hotel Esplanade*, einem schön restaurierten Haus von 1925. Frau Tomasevic war die erste PR-Beauftragte des Hotels, sogar die erste in ganz Jugoslawien, als Breschnew noch hier zu Gast war. Sie wurde die Chefin des »Esplanade«, als der Osten zusammenbrach, und blieb es, als der Krieg tobte und die Flüchtlinge in den Hotels an der Küste untergebracht wurden. Frau Tomasevic erzählt, wie die neuen Bewohner Waschmaschinen in die Zimmer schleiften, Satellitenschüsseln an die Fenster schraubten, Küchen einrichteten. »Nur das ›Esplanade‹ musste kaum Flüchtlinge aufnehmen, weil es das beste Hotel am Platz ist und die Regierung Politiker und Journalisten unterzubringen hatte.« Nach Kriegsende wurde das »Esplanade« renoviert, nun ist es ein »Regent« und strahlt Prunk und Stil aus. Um einen Eindruck zu bekommen, wie schön Zagreb wieder geworden ist und wie lohnend ein Besuch, schickt Amelia Tomasevic uns zum restaurierten *Nationaltheater*, gegenüber trifft sich Zagrebs Schickeria im *Café Hemingway* und im Café Kavkaz. Dann in die *Moderna Galerija*, die Ausstellung für kroatische Kunst. Durch drei Parkanlagen zum Musik-Pavillon, wo samstags eine Musikkapelle spielt. Weiter in die »Obere Stadt«, bis zu den Außenbezirken, die noch nach Osten aussehen. Ins Kaffeehaus

Palainovka, und durch die Altstadt, die fast völlig Baustelle ist, in der aber an beinahe jedem Haus eine Plakette – »Weltkulturerbe« – hängt. Durch einen Irrgarten gelangen wir in die Fußgängerzone, wo Zagreb aussieht wie Düsseldorf und man im *Café Palainovka*, das sahnigste Eis außerhalb Amerikas essen kann. Dann geht es zurück zum alten Bahnhof und ins Hotel, das früher als Station für den Orient Express gebaut wurde. Der hält hier nicht mehr, trotzdem kommen langsam die Touristen zurück nach Zagreb. Ihre Neugier wird mit einer Atmosphäre belohnt, die ein bisschen an Wien erinnert, wegen der Bauwerke, und weil alles so entspannt ist und voller Musik. Nur manchmal fragen sie sich, wo sie wohl als nächstes auf den Geist treffen werden.

David Pfeifer

WOHNEN *The Regent Esplanade* Mihanoviceva 1, 10000 Zagreb Tel. 00385/1/4566666, DZ ab 149 Euro, www.theregentzagreb. com **ESSEN** *Café/Bar Hemingway* Trg Marsala Tita 1, Tuskanac 1, Tel. 4834956, www.hemingway.hr; *Café Palainovka* Ilirski trg 1, Tel. 4851357 **ANSCHAUEN** *Nationaltheater* Hrvatsko Narodno Kazaliste, Trg Marsala Tita 15, Tel. 4828532, www.hnk.hr; *Moderna Galerija* Hebrangova 1, Tel. 4922368, geöffnet täglich von 10.00 – 18.00 Uhr

DER PERFEKTE BEGLEITER das Buch »Die letzte Fenstergiraffe. Ein Revolutions-Alphabet« von Peter Zilahy, erschienen im Eichborn Verlag.

Oslo — NORWEGEN

Es gibt Städte, die wie funkelnde Edelsteine leuchten und andere, die den Charme eines Ikea-Regals ausstrahlen. Oslo ist vielleicht beides: glänzender Prunk gepaart mit bodenständiger Wikingermentalität. Eingekesselt zwischen grauen Felsen liegt sie mitten in einem Fjord. Fast grotesk, dass das hier eine Metropole sein soll. In der Stadt selbst verschwindet der Gedanke: prächtige Häuserreihen, wie mit dem Lineal gezogen, führen anscheinend alle in Richtung Königspalast. Gleich hinter dem Königshaus liegt das *Cochs Pensjonat*. Das Zimmer 502 im *Cochs* spielt eine große Rolle in dem Roman »The Half Brother« von Lars Saabye Christensen. Einer der Hauptcharaktere des Buches blieb ganze 4,982 Tage in diesem Zimmer. Wer es gediegener liebt, geht ins *Grand Hotel*, in dem Friedensnobelpreisträger und Hendrik Ibsen-Fans wohnen. Nach den Monarchenbauten beginnt die Vergnügungsmeile »Karl Johans Gate«, 24 Stunden am Tag eine Mischung aus Kuhdamm und Reeperbahn. Wer mit der Flut der Feiernden schwimmt, muss im *Café Mono* ankern. Um durch Oslo zu fahren, mietet man am besten ein Rad. Die blauen Räder der hiesigen Zeitung »Dagbladet« kann man umsonst benutzen – einfach 20 Kronen in den Automaten einwerfen, bei der Rückgabe bekommt man das Geld zurück. Kaffee-Liebhabern sei das *Stockfleth's* Caféhaus im Viertel Grünerlökka ans Herz gelegt. Für den größeren Hunger kocht Eyvind Hellstrøm ein zwölf Gänge Menü im Restaurant *Bagatelle* – bodenständig norwegische Küche. Sportliche dürfen das alljährliche

Birkebeinerrittet im August nicht verpassen: 13.500 Norweger pflügen die Schotterpisten zwischen Rena und Lillehammer mit ihren Mountainbikes um. Jeder, der einen Lenker halten kann, geht dort an den Start – schließlich geht es um das Königshaus! Die Teilnehmer müssen 90 Kilometer mit einem Rucksack bewältigen, der mit dreieinhalb Kilo Steinen gefüllt ist; die Steine sollen das Königskind darstellen, das vor über 800 Jahren vor einem feindlichen Stamm gerettet werden musste. Den Thronfolger stopfte man in einen Rucksack und übergab ihn den besten Skilangläufern, die das Findelkind 90 Kilometer aus der Gefahrenzone schlidderten. Eine Legende, die immer noch schön anzuschauen ist, Tradition und Moderne. *Björn Scheele*

WOHNEN *Cochs Pensjonat* Parkveien 25, 0350 Oslo, Tel. 0047/23332400, Fax 23332410, www.cochspensjonat.no, Zimmer ab ca. 50 Euro; *Grand Hotel* Karl Johans gate 31, 0159 Oslo, Tel. 23212000, www.grand.no, Zimmer ab ca. 150 Euro

ESSEN&TRINKEN *Stockfleth's Lille Grensen* Karl Johans gate 25, 0159 Oslo, Tel. 22429956, www.stockfleths.as; *Bagatelle* Bygdøy Alle 3, 0257 Oslo, Tel. 22121440, www.bagatelle.no

AUSGEHEN *Cafe Mono* Pløensgt. 4, Youngstorget, 0028 Oslo, www.cafemono.no **MOUNTAINBIKERENNEN** Postfach 144, 2451 Rena, Tel. 41772900, www.birkebeiner.no

DER PERFEKTE BEGLEITER die Familiensaga »Der Halbbruder« von Lars Saabye Christensen, erschienen im btb Verlag.

September
09

September

01

02

03

04

05

06

07

08

09

10

11

12

13

14

15

Arosa — SCHWEIZ

Nicht, dass ich unbedingt überall hin reisen muss, wo Thomas Mann einmal war. Es beruhigt nur ungemein. Das Schweizer Dorf Arosa im Kanton Graubünden liegt 1800 Meter hoch, und den Lungenkranken, die vor siebzig Jahren hier ankamen, um die Luft zu schlucken wie Medizin, wurde geraten, sich zunächst ein paar Tage im Zimmer liegend zu akklimatisieren. So viel Zeit ist heute nicht – obwohl es hier im Herbst gemütlicher zugeht als zwischen Dezember und April, wenn meterdicker Bergschnee die Skifahrer erfreut. Natürlich wohne ich im *Waldhotel*, nicht nur weil Thomas Mann dort stets Sommer- und Winterfrischen verbrachte, sondern auch weil das Haus noch heute zu den besten Vier-Sterne-Hotels der Schweiz zählt und Direktor Steffen Volk gerade einen eleganten Wellnessbereich anbauen ließ. Wie wir so gemeinsam glühen – ich in der Sauna aus Arvenholz, die Berge hinter dem Panoramafenster in der Abendsonne – entfährt mir ganz von selbst ein »Allegra!«. So sagt man hier bei seelischer Beschwingtheit. Nach narkotischem Höhenschlaf wirken die dunklen Tannen vor dem Hotel morgenkühl wie eine zweite Dusche. Auf dem Eichhörnliweg spaziere ich nach Maran. Thomas Mann rang auf diesem Weg wochenlang mit der Entscheidung, ins Exil zu gehen; ich verfolge stattdessen die zutraulichen Eichhörnchen durchs Gehölz und komme erschöpft bei der *Bergkäserei Maran* an. Der Käse hier ist so gut, dass ich mir einen amtlichen Kanten davon einschweißen lasse und nun mitschleppen muss, bis zur Mittelstation der Bergbahn. Ein Glück, dass man in der Sommer-

und Herbstsaison in Arosa kostenlos mit den Bergbahnen fahren kann, so gondeln der Käse und ich aufs Weisshorn und schauen von oben auf die Schweiz herab. Derart eidgenössisch beseelt kehre ich später noch im *Burestübli* ein – sämtliche Methoden der Kalorienzufuhr, die sich die Schweizer in den letzten Jahrhunderten ausgedacht haben, werden hier perfekt auf den Teller gebracht. Für Fondue ist es noch ein bisschen zu warm, daher wähle ich köstliche Mangoldwickel, Capuns genannt. Spät und schwer stapfe ich ins Hotel zurück, der Portier erkennt mein Leiden und schickt mich weiter ins *Chill's* – eine Art moderne Opiumhöhle mit rundum gepolsterten Zimmerchen, die für universales Zeitvergessen und wonniges Verdauen eingerichtet sind.

Max Scharnigg

WOHNEN *Waldhotel National*, Tomelistraße, 7050 Arosa, Tel. 0041/81/3785555, Doppelzimmer mit Halbpension ab 148 Euro pro Person, www. waldhotel.ch **ESSEN** *Restaurant Burestübli* Prätschlistrasse, 7050 Arosa, Tel. 3771838, www.arlenwald-hotel.ch **AUSGEHEN** *Chill's Coffee Lounge* Poststrasse, 7050 Arosa, Tel. 3771366, www.chills.ch **ANSCHAUEN** *Käserei Alp Maran* Tel. 3772277

DER PERFEKTE BEGLEITER die Liebeserklärung von Ueli Haldimann an das Bergdorf: »Arosa. Texte und Bilder aus zwei Jahrhunderten. Hermann Hesse, Thomas Mann und andere in Arosa«, erschienen im AS-Verlag.

Dresden — DEUTSCHLAND

In Dresden muss der erste Weg hoch über den Fluss führen: Wie Perlen an der Schnur sind alle Schönheiten der Stadt an der Elbe aufgereiht. Freitagabend. Wir sitzen unterhalb des Waldschlösschens, wo der Elbhang ansteigt, und die Kette liegt vor uns. Noch weiter reicht der Blick von der Terrasse von *Schloss Eckberg*, unserem Hotel. Sobald es dunkel wird, müssen wir hinunter auf die andere Elbseite, um das »Eckberg« mit den beiden Nachbarschlössern leuchten zu sehen. Weil in Dresden die Straßenlampen nicht alles erhellen, strahlen die Burgen wie Fixsterne am Firmament. Kitsch? Nein, echtes Dresden. Wie das drollige Stahlbrücken-Ungetüm *Blaues Wunder*, neben dem wir in der toskanischen *Villa Marie* zu Abend essen. Am Samstagmorgen suchen wir den Kontrast zur Idylle. Frühstück im *Raskolnikoff*, dem aus einer Besetzung entstandenen Künstlerhaus in der Neustadt, die sich mit ihren heruntergekommenen Häusern sogar mal zur Bunten Republik Neustadt ausgerufen hat. Bevor wir wieder über den Fluss ziehen, leisten wir uns eine Portion alten Gouda aus *Pfunds Milchladen*. Zu Fuß geht es zur neuen *Synagoge*, schon jetzt ein Bau-Klassiker. Immer wieder die Wut, dass hier Polizei stehen muss. Jetzt hinauf zur *Frauenkirche*. Wir berühren den Stein, um zu begreifen: Ist sie das jetzt wirklich wieder oder eben nur ein Nachbau? Der letzte Gang führt zur Galerie *Alte Meister*, wo wir vor der Sixtinischen Madonna sinnieren wollen, wenn wir nicht doch gleich, eine geliebte schlechte Angewohnheit, das *Café Alte Meister* aufsuchen. Dann steht die Spätschicht in der *Gläsernen Manufaktur* an, wo wir im *Lesage* essen, während im Hintergrund die Limousine Phaeton entsteht – das Essen im Fabrikrestaurant ist der ideale Abschluss eines perfekten Wochenendes in Dresden. *Jens Schneider*

WOHNEN *Schloss Eckberg* Bautzner Str. 134, Tel. 0351/80990, www.schloss-eckberg.de, DZ ab 118 Euro; *Bayerischer Hof Dresden*, Antonstr. 33, Tel. 829370, www.bayerischer-hof-dresden.de, DZ ab 110 Euro **ESSEN** *Villa Marie* Fährgässchen 1, Tel. 315440; *Raskolnikoff* Böhmische Str. 34, Tel. 8045706; *Pfunds Milchladen* Bautzner Str. 79, Tel. 808080; *Café Alte Meister* Theaterplatz 1A, Tel. 4810426; *Gläserne Manufaktur/ Restaurant Lesage* Lennéstr. 1, Tel. 4204250 **ANSCHAUEN** *Blaues Wunder* Loschwitzer Brücke; *Galerie Alte Meister* Zwinger, Tel. 4914679

DER PRFEKTE BEGLEITER Erich Kästners Autobiografie »Als ich ein kleiner Junge war«, in der er seine Kindheit in Dresden schildert, erschienen im Dressler Verlag.

September / **131**

Juist — DEUTSCHLAND

Eigentlich ist das autofreie Töwerland, ostfriesisch für »Zauber-land«, erst richtig toll, wenn das Wetter schlecht ist. Dann kann man auf Juist versuchen, dem Sturm standzuhalten oder im *Lüttje Teehus* Friesisch-Teetrinken trainieren, während draußen die Welt untergeht. Mit ein bisschen Glück wird man durch Sturm, Nebel und Eis vom Festland abgeschnitten. Dann fährt kein Schiff, es fliegt kein Flugzeug mehr übers Watt und man kann dem Arbeitgeber betroffen melden: komme später, hö-here Gewalt. Am besten bringt man nur das Gepäck aufs Zim-mer des Hotels *Achterdiek* und geht in Friesennerz und Gum-mistiefeln gleich wieder raus. Wenn man sich ein Fahrrad leiht, fühlt man sich auf den satten 17 Kilometer Länge und ein paar hundert Meter Breite der Insel vollkommen ungebunden. Der erste Weg führt zu einem Matjes-Brötchen bei Galt Noorman, der mit seinem Stand seit Jahrzehnten jeden Tag ab 16 Uhr auf der *Strandstrasse* steht. Erst danach ist man richtig angekom-men. Eine der schwierigsten Entscheidungen auf Juist besteht darin, ob man dann zuerst die Ost- und Westspitze der Insel in Angriff nimmt oder das Watt. Die meisten Besucher entschei-den sich erst mal für die Wanderung am Strand entlang (hin ge-gen den Wind, zurück mit dem Wind). Die ganz Ausdauernden schaffen es bis zum Gasthof *Domäne Bill* (Westspitze) und des-sen legendären Rosinen-Stuten oder zu den *Kalfamer Muschel-feldern* (Ostspitze) und berichten begeistert vom Seehund. Abends kehrt man zur Wodka-Feige in den *Hummer-Köbes* ein, wo Punkt halb elf der im Rest des Landes eher unbekannte, aus den 70ern stammende Schlager »Er hat mich geliebt« ertönt, zu dessen Refrain kommentarlos die Lampen geschwungen werden. Auch der Umtrunk am nächsten Tag hilft gegen das Wetter und findet mit Wattführer Heino statt, der uns zum gemeinen Spulwurm führt (Heinos legendärer Vater Alfred war als Wattführer gleich zweimal Gast bei »Was bin Ich?«). Wenn man sich abends nicht von der Salzluft erschlagen fühlt, sollte man auf jeden Fall noch eine Vorstellung im Kino *Insel-Lichtspiele* besuchen. Wo sonst findet man noch ein kleines Licht an seinem Sitzplatz, das man bei Bierbedarf einfach anknipst? *Patrick Krause*

WOHNEN *Romantik Hotel Achterdiek* Wilhelmstraße 36, 26571 Juist, Tel. 04935/8040, www.hotel-achterdiek.de, DZ ab 96 Euro. Zimmervermittlung über www.juist.de, Tel. 809222 **ESSEN&TRINKEN** *Lüttje Teehus* Im Januspark (Höhe Kurhaus); *Domäne Bill* 11.00–18.00 Uhr, mittwochs Ruhetag, Rosinen-Stuten ab 1,80 Euro; *Hummer-Köbes* Strandstr. 8, Tel. 234 **WATTFÜHRUNG** mit Heino oder Ino bei Ebbe (8 Euro/2 Std.), Treffpunkt s. Aushang am alten Bahnhof oder Tel. 91140 **KINO** *Insel-Lichtspiele* Friesenstr. 24, ab 8,50 Euro

DER PERFEKTE BEGLEITER die Sturmlampe »Feuerhand« – das Original ist seit mehr als hundert Jahren Wegetrost.

Stockholm — SCHWEDEN

Meine schwedische Freundin Lotta sagt am Telefon: »Wenn du mich nicht endlich besuchen kommst, kriegst du zum Geburtstag eine geschmiert.« Ich fliege also nach Stockholm, mitten im Herbst, die Lufthansa serviert Käsebrot. Viel besser schmeckt der Zimtkringel, den mir Lotta zur Begrüßung an den Kopf wirft – die *Kanelbullar* seien das einzig Brauchbare, was die schwedische Küche erfunden hat, sagt sie. In der Innenstadt von Stockholm stehen saubere Fassaden auf Granitfelsen in der Ostsee, die Sonne blendet, ich brauche eine Sonnenbrille. Kein Problem, sagt Lotta, wir gehen shoppen. Mein Gepäck lasse ich im Hotel *Rival*, das dem Benny von ABBA gehört und mitten im Viertel *Södermalm* liegt. Der Bebauungsplan dieses Viertels ist recht einseitig: Designladen neben Boutique neben nettem Café neben liebenswerter Galerie und dann wieder von vorn. Ich kaufe alles. Bei *Apparat* eine Emailkanne, bei *Designtorget* ein komplettes Badezimmer, bei *c/o Stockholm* Stulpen, ohne die Lotta nicht weitergehen will. Nach zwei Stunden Södermalm brauchen wir fika, Kaffee. Lotta klettert ins Schaufenster des Café *String*, wo wir auf Sixties-Hockern sitzen. Auf Lottas Geheimweg gehen wir dann zum Hügel *Mosebacke* und haben die beste Aussicht auf die Altstadt. Im *Mosebacke*-Restaurant bestellen wir Lammfilet, das hier sehr besonnen gegart wird. Später gibt es schwedischen Rock im *Indigo* Club, wo niemand raucht, weil es verboten ist. Das Hotelfrühstück am nächsten Morgen besteht aus geräuchertem Lachs und dem Blick auf einen Park mit Drachentöterbrunnen. Danach fahren Lotta und ich in das *Ahlens*-Kaufhaus, das auch sonntags offen hat. Schräg gegenüber liegt das *Kulturhuset*, auf der Dachterrasse gibt es Holzbänke und Fischsuppe. Im *Strindberghaus* sehen wir uns noch Strindbergs Bett und seine lustige Tapete an und dann will Lotta noch ein Kanu mieten, um zur Museumsinsel zu paddeln und das *Moderna Museet* anzusehen. Ich will aber nur zufrieden am Wasser vor dem Grand Hotel stehen, in dem immer die Nobelpreisträger wohnen. Die Sonne blendet und ich habe noch immer keine Brille. »Wenn du nichts siehst, kannst du auch nicht wieder wegfahren«, sagt Lotta. *Max Scharnigg*

WOHNEN *Rival* Mariatorget 3, Tel. 00 46/8/54 57 89 00, DZ ab 140 Euro, www.rival.se **SHOPPEN** *Designshop Apparat* Nytorgsgatan 36, Tel. 65 36633; *Design-Kette Designtorget* Götgatan 31, Tel. 46 23 520; *Mode c/o Stockholm* Götgatan 30, Tel. 50 52 59 51, www.costockholm.se; *Ahlens* Ringvägen 100, www.ahlens.com **ESSEN & TRINKEN** *Mosebacke* Mosebacke torg 3, Tel. 55 60 98 90; *String* Nytorgsgatan 38, Tel. 71 48 514, www.cafestring.com; *Kulturhuset* Sergels torg, Tel. 21 10 35 **AUSGEHEN** *Indigo* Götgatan 19, Tel. 6 43 58 59 **ANSCHAUEN** *Moderna Museet* Skeppsholmen, Tel. 51 95 52 00, www.modernamuseet.se; *Strindberghaus* Drottninggatan 85, Tel. 41 15 354, www.strindbergsmuseet.se

---

DER PERFEKTE BEGLEITER das Buch »Sweden Style« – Angelika Taschen zeigt uns Schweden zwischen Hüttencharme, Designfaible und royaler Pracht.

Waren / Müritz — DEUTSCHLAND

Mit einem Freund in die Wildnis zu fahren, den man bisher nur aus der sicheren Umgebung von Kino und Kneipe kennt, ist ein Wagnis. Wir riskieren es auf halber Strecke zwischen Hamburg und Berlin in Waren an der Müritz. Hier am größten Gewässer der Mecklenburgischen Seenplatte rasten im Herbst tausende Kraniche auf ihrem Weg nach Süden. Schon kurz vor Waren begrüßt uns ein Kranichzug mit dem typischen Trompeten. Am Stadthafen wechseln wir aufs Schiff. Mit dem *Nationalpark-Ticket* dürfen wir mit den Schiffen der »Weissen Flotte« durch die Gegend fahren, so viel wir wollen. Wir strecken uns auf dem Sonnendeck aus und lassen uns vom Wind die Haare auf Wochenende frisieren. Nach anderthalb Stunden macht der Kapitän in Boek fest und wir wandern weiter durchs ehemalige Jagdrevier des DDR-Staatsratsvorsitzenden Willi Stoph. Eine Ringelnatter kreuzt unseren Weg und mein Großstadtfreund entpuppt sich als Naturbursche, der seine Kindheit als Treiber bei der Jagd zugebracht hat. Auf Autofahrten mussten seine Eltern immer die Kassette mit den Vogelstimmen einlegen. Dafür erkennt er jetzt den Specht am Gelächter, weiß, wo sich die Sauen suhlen, und kommt nach einem Seitensprung ins Dickicht mit einer Handvoll Steinpilzen zurück. Um die ursprüngliche Atmosphäre abzurunden, braten wir am Abend im *Reusenhus* selbst Wels und Zander auf dem heißen Stein am Tisch und trinken den Warener Kräuterschnaps *Waldrausch* dazu. In der Sprache der slawischen Ur-Mecklenburger bedeutete Müritz »Kleines Meer«. Unser Hotel gleichen Namens zeichnet sich durch Liebe fürs Detail aus: Auf dem Kopfkissen wartet ein kleines Gedicht zur guten Nacht und sogar in der Sauna liegt Lyrik aus. Wir rufen die Bar an, heizen ein und rezitieren Schillers »Ring des Polykrates« in die sternklare Nacht über dem See. Der nächste Tag gehört den Seevögeln. Erst schauen wir in der *Nationalpark-Station* in Federow den Fischadlern dabei zu, wie sie ihren Fischadler-Haushalt besorgen. Kurz vor der Dämmerung startet dann die Kranich-Tour zu den Beobachtungsplätzen am Ufer. Der Himmel ist noch rot von der Sonne, der Mond spiegelt sich schon im Wasser, ein Hirsch röhrt im Schilf, als die Vögel heranrauschen. Jedes Jahr gebe es einige Kranichpaare, denen es hier so gut gefällt, dass sie lieber frieren, als weiter nach Spanien oder Marokko zu fliegen, erzählt der Mecklenburger Ranger. Wer einmal hier war, versteht sie. *Julian Hans*

WOHNEN *Hotel Kleines Meer* Arrangement »Kranichzauber«, zwei Nächte, Drei-Gang-Menü und Nationalparkführer, 159 Euro, Tel. 03991/6480, www.kleinesmeer.de **KRANICHE ANSCHAUEN** *Müritz-Nationalpark-Ticket* in Bussen und Hotels, Preis je nach Dauer des Aufenthalts; Nationalpark-Service in Federow Tel. 668849, Kranich-Ticket 7 Euro **ESSEN** *Altes Reusenhus* Schulstraße 7, 17192 Waren, Tel. 666897, www.reusenhaus.de; *Kräuterschnaps »Waldrausch«* Flasche 10 Euro

---

DER PERFEKTE BEGLEITER ein leichtes Fernglas von »Steiner«.

September / **137**

Oktober
10

Oktober

01

02

03

04

05

06

07

08

09

10

11

12

13

14

15

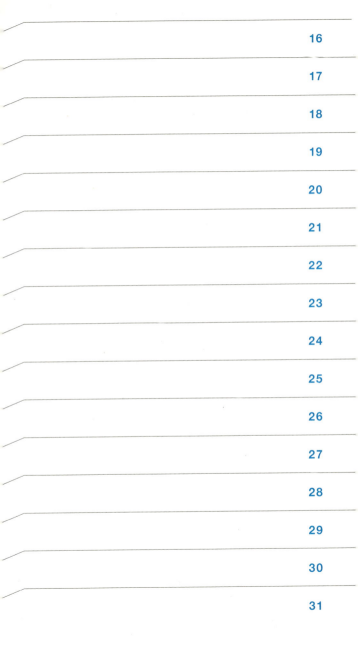

Auerbach / Salzburg — ÖSTERREICH

Kosmetik und Kleidung, Glanz und Gloria – das eint Frauen zwischen 15 und 70. Zum Beispiel wenn Omi, Mutter und Enkelin im Wellness-Paradies sind, im von Heilwassern unterspülten Oberösterreich bei Salzburg. Wir waren nahe Auerbach. Abgeschirmt von Büschen und Bäumen liegt hier das *Brunnergut*, eine Frauenwelt. Die Schönheitsfarm alter Schule wurde von Gräfin Ségur-Cabanac gegründet, die auch das Salzburger Hotel Sacher führte. Ihr Geist schwebt noch durch den Vierseithof aus dem 15. Jahrhundert. Vor zehn Jahren erholten sich hier fast nur blaublütige Damen. Jetzt wir. In den mit Damast bezogenen Schränken der Ankleide würde selbst der Inhalt von Jennifer Lopez' Koffern verschwinden. Das Bad ist größer als unser Wohnzimmer. In die Marmorbadewanne passen wir zu dritt. Das Betthupferl: Collagen-Creme für die Nacht. Zuerst lässt sich Omi einwickeln wie eine Mumie. Der Mutter Lebensspuren im Gesicht füllen sich mit Kaviarcreme. Die Enkelin blättert Zeitschriften am Pool. Dann trifft man sich im Restaurant: Hier kocht Mario. Der 24-Jährige gehört zu den ehrgeizigen Köchen, die Popstars sein könnten. Der Lammbraten schmilzt auf der Zuge, Kirschen werden mit Chili gewürzt, die Mousse au Chocolat krönt Krokant. Das Verrückte ist: Mit diesen Drei-Gänge-Menüs nimmt man ab. Höchstens 30 Gäste applaudieren dem Koch, mehr empfängt das Brunnergut nicht. Leider verschwinden die Kilos nicht so schnell, wie wir uns das wünschen – da können wir noch so lange zur Jungfrau Maria im *Heiligen Kammerl* beten: Wir treffen die Muttergottes beim Joggen am Fuß des Loinbergs. Vor mehr als tausend Jahren baute ihr der Besitzer des Peternguts dort eine Kapelle an der Enknach. In seinen Träumen badete Maria in der Quelle – seitdem soll das Wasser Augenleiden heilen. Weniger fromm, aber trotzdem heilsam geht es in der *Therme Geinberg* zu: Sportwelt, Saunawelt, Vitalzentrum. Anschließend in *Braunau* freuen wir uns über die *Ratzlburg* aus dem 12. Jahrhundert. In der idyllischen *Altstadt* reden wir generationenübergreifend vor Hitlers Geburtshaus. Mit entspanntem Bauch dank Jause in der *Kleinsten Weißbierbrauerei* der Welt machen wir uns dann auf den Weg nach Salzburg zum Shoppen. Gegenüber dem *Café Bazar* mit dem besten Schokoladenkuchen zeigt sich der Zeitgeist bei *Caligula*: In diesem Klamottenladen guckt die pubertierende Zukunft begeistert in den Spiegel.

Karen Cop

WOHNEN & WELLNESS *Brunnergut* Unterkling 3, Auerbach, Tel. 00 43 / 77 47 / 53 070, www.brunnergut.at, zwei Nächte VP ab 180 Euro/DZ **SCHWIMMEN** *Therme Geinberg* Thermenplatz 1, Geinberg, Tel. 07 723 / 85 000, Eintritt ab 15 Euro **ANSCHAUEN** *Ratzlburg und Altstadt* von Braunau am Inn **ESSEN & TRINKEN** *Kleinste Weißbierbrauerei der Welt beim Bogner* Stadtplatz 47, Braunau, Tel. 07 722 / 68 343; *Café Bazar* Schwarzstraße 3, Salzburg, Tel. 0662 / 87 42 78 **BETEN** *Heiliges Kammerl* bei Unterirnprechting, Gemeinde Auerbach **EINKAUFEN** *Caligula* Schwarzstraße 8, Salzburg

---

DER PERFEKTE BEGLEITER Schlafbrille und Kaschmirsocken.

Oktober / **143**

Kopenhagen — DÄNEMARK

Im Herbst kann es ungemütlich werden in Kopenhagen: Der Wind lässt das Wasser des Öresund wie eine weite Fläche ungebügelter weißer Hemden wirken. Es empfiehlt sich, den Aufenthalt zwischen den Böen auf das Nötigste zu beschränken, was nicht so schlimm ist: Die Kopenhagener haben es sich im Inneren fast noch schöner eingerichtet als in Parks und an Seestränden. Egal, wo man sich aufhält: Es ist, als lasse man sich inmitten einer Design-Ausstellung nieder. Etwa im *Café Stelling*, direkt am Marktplatz der Altstadt. Der Architekt Arne Jacobsen hat das Haus in den Dreißigerjahren entworfen. Die Café-Einrichtung, inklusive der Stelling-Leuchte, stammt natürlich auch von Jacobsen. Leider tritt die Bedienung weniger elegant auf. Schnell weiter durch die Brise in die erste Fußgängerzone Europas, die »Östergarde«. Mit jedem Meter nimmt ihre Schönheit zu, und einen Glanzgipfel erreicht sie im *Illums Bolighus*, wo man lernt: Die Dänen stellen ihre Künstler nicht nur ins Museum, sondern auch ins Kaufhaus. Auf fünf Etagen verteilen sich Möbel von Jacobsen, Verner Panton, Poul Henningsen (bekannt für die »Artischocken«-Lampe) und andere. Ähnlich aufregende Kunst findet man, wenn man die Stadt nach Norden verlässt und der Uferstraße bis zum *Louisiana Museum* folgt. Das Flachdachhaus wurde direkt an der Ostsee gebaut, mit einem Skulpturengarten von Henry Moore, Max Ernst und Joan Miró. Wenn es nicht regnet, sollte man im Museumscafé ein Sandwich ordern und sich auf die Terrasse setzen. Noch schöner speist man nur im japanischen Restaurant *Umami*, unweit der Burg »Kastellet«. Zum Überraschungsmenü gehören ein »Martini Apple«, Fisch, dänisches Weiderind und deutscher Riesling. Die Rechnung wird in einem Umschlag serviert, auf dem »The Damage« steht. Doch nach diesem Essen spürt man keinen Schmerz. Der folgt erst Wochen später, wenn die Kreditkartenabrechnung ankommt. *Oliver Creutz*

WOHNEN *Hotel Fox* Tel. 0045/33/9577 55, DZ ab 125 Euro, www.hotelfox.dk **ESSEN** *Café Stelling* Gammeltorv 6, Tel. 32 93 08; *Umami* Store Kongensgade 59, Tel. 38 75 00, www.restaurant-umami.dk **ANSSCHAUEN** *Museum Louisiana* Tel. 49/ 19 07 19, www.louisiana.dk **EINKAUFEN** *Illums Bolighus* Amagertorv 10, Tel. 33/14 19 41, www.illum.dk

---

DER PERFEKTE BEGLEITER der »Copenhagen. Architecture and Design Guide« von Christian Datz und Christof Kullmann, erschienen im TeNeues Verlag.

Pamplona — SPANIEN

Samstagmorgen in Pamplona, der Hauptstadt von Navarra, das einst ein spanisches Königreich war: Am besten schmeckt das Frühstück in der *Bar Iruña*, wo schon Ernest Hemingway Rotwein getrunken und über den Hauptplatz *Plaza Del Castillo* geblickt hat. Im Juli jagen hier ausgewachsene Stiere junge Männer durch die Stadt, im Spätherbst kommen Wanderer, um auf dem mittelalterlichen Jakobsweg zu spazieren, einem Pilgerpfad, der sich quer durch Navarra bis nach Santiago de Compostela zieht. Kirchen, Burgen und Landschaften der Region sind so atemberaubend, dass in Navarra oft Filme gedreht werden, ein paar Filmfreaks trifft man also auch. Der am Tisch nebenan referiert, der Platz hier habe als Kulisse im von Orson Welles nie vollendeten Film »Don Quijote« gedient und der für den nächsten Oscar nominierte spanische Film »Obaba« sei auch in Navarra gedreht. Gerade mal zwanzig Autominuten von Pamplona entfernt, am Jakobsweg, sieht es aus wie in einem Historienschinken: Die achteckige Kirche *Santa Maria de Eunate* von 1170 wurde vermutlich von Templern gebaut, heute dudelt leise Panflötenmusik aus den Lautsprechern. Dazu passt das mittelalterliche Gebäude des Hotel *El Peregrino* bei Puente de la Reina, das früher Pilger auf dem Weg nach Santiago beherbergte. Am Sonntag unternehmen wir von hier einen Ausflug in die Wüste *Las Bardenas Reales*. Wie in einer europäischen Version des Grand Canyon türmen sich Sandsteinfelsen in bizarren Formen auf – perfekter Hintergrund für James Bond, der hier in »Die Welt ist nicht genug« ein russisches Atomraketenlager zerstören muss. Im Naturpark *Foz de Lumbier* lebt Europas größte Kolonie von Gänsegeiern, denen wir beim Aasfressen zusehen. Umso mehr freuen wir uns später im Städtchen *Tudela* über den Koch des Restaurants *Treintaitrés*: er hat sich auf vegetarische Kreationen spezialisiert.

Gregor Wildermann

WOHNEN *Relais & Chateaux El Peregrino* Puente de la Reina, Irunbidea s/n, Tel. 0034/948/340075, www.relaischateaux.com, DZ ab 120 Euro **ESSEN&TRINKEN** *Iruña* Plaza del Castillo 44, 31080 Pamplona, Tel. 211564; *Treintaitrés* Capuchinos 7, 31500 Tudela, Tel. 827606, www.restaurante33.com **ANSCHAUEN** *Kirche Santa Maria de Eunate* nahe Puente de la Reina; *Wüste Las Bardenas Reales* im Süden Navarras, nordöstlich der Stadt Tudela; *Naturpark Foz de Lumbier* im östlichen Navarra an der Landstraße NA178 nach Lumbier, Eintritt frei

DER PERFEKTE BEGLEITER Musik von »Ojos de Brujo«: Techari (Diquela/PIAS). Die achtköpfige spanische Gruppe spielt eine ebenso wilde wie moderne Mischung aus Straßenrumba, Flamenco und nomadischen Trommeln.

Sächsisches Vogtland — DEUTSCHLAND

Hinter Familie Mekschrats Terrasse im Sächsischen Vogtland scheint Deutschland aufzuhören. Schönberg, ein abgelegener Ortsteil Bad Brambachs, ist der südlichste Ort Sachsens. Auf Mekschrats Terrasse, im Gasthof *Egerlandblick*, lässt sich an einem der letzten warmen Spätherbsttage auf der alten Hollywoodschaukel die Mittagssonne genießen und hinüber nach Tschechien blinzeln. Karin Mekschrat kocht einen hervorragenden Zander und das Stück Rührkuchen hat die Größe eines Ziegelsteins. Der Verdauungsspaziergang durch Schönberg führt unweigerlich zum *Schönberger Schloss*, eine kleine Anlage mit einem sechseckigen Turm. Auf der Wiese vor dem Schloss spielt eine Katze, ein Mädchen sammelt Gras für seinen Hasen. Nebenan zerfällt ein Haus, an dessen Gemäuer eine Gedenktafel informiert, Goethe habe am 9. August 1822 hier übernachtet. Das Haus steht zum Verkauf. Wer nicht gleich für immer hier bleiben will, bucht sich im Vier-Sterne-Hotel *Ramada* ein, in Bad Brambachs historischem Kurpark gelegen. Weil auch am äußersten Rande Deutschlands Wellness nicht fehlen darf, steht nebenan – und für Hotelgäste durch einen unterirdischen »Bademantelgang« auch dürftig bekleidet zu erreichen – ein Neubau, die Badelandschaft *Aquadon*. Im Liegestuhl am Beckenrand, im warmen Wasser drinnen und draußen oder in der Sauna lässt sich hier die Zeit exzellent vertrödeln. Zum Beispiel nach einem Ausflug auf den *Kapellenbergturm*. Oben wartet ein Blick über Fichtelgebirge, Vogtland und Erzgebirge. Hier und da stehen zwischen Bäumen Reste alter Wallanlagen.

Nicht nur ein Blick nach Tschechien lohnt sich, sondern auch ein Ausflug nach *Franzensbad* (Frantiskovy Lázne), vor allem ins *Ingo Casino*: Im Bodenaquarium des Restaurants schwimmen Koi-Karpfen, deren bedächtige Runden vom Klavierspieler des Cafés begleitet werden. Auf dem Weg zurück steht am Straßenrand ein Mann, der Honig, Esskastanien und tschechisches Bier verkauft – für die Heimreise dorthin, wo Deutschland wieder anfängt.

Susanne Klinger

WOHNEN *Hotel Ramada* Badstraße 45, Bad Brambach, DZ ab 111 Euro, www.vogtland-resort.de, *Bade- und Saunalandschaft Aquadon*, Tageskarte 8,50 Euro, tgl. 9.00–22.00 Uhr geöffnet, Tel. 037438/88267, www.aquadon.de ESSEN *Gasthof Egerlandblick*, Am Südhang 5, Tel. 20288 ANSCHAUEN *Schloss Schönberg* im Stadtteil Schönberg, www.vogtlandtourist.de; *Kapellenbergturm*, Di–So 10.00–17.00 Uhr, Eintritt 1,50 Euro, Tel. 22599; *Franzensbad* in Böhmen, www.franzensbad.de; *Ingo Casino*, Narodni 1, Tel. 00420/354/500000, www.ingocasino.cz

DER PERFEKTE BEGLEITER das Freiübernachten hat in dieser Gegend eine lange Tradition. Dafür empfehlen wir das »Taschenhotel« von »Magazin«, es bietet Komfort jenseits der Isomatte.

Oktober / **149**

Prag — TSCHECHIEN

Wie ein Logenplatz ist so ein *Tretboot* auf der *Moldau*. Vor einem: das Smetana-Ufer mit Bürgerhäusern und dem Nationaltheater. Und weit weg: die acht Millionen Touristen, die sich pro Jahr über die *Karlsbrücke* drängeln und »How gorgeous!« rufen. Die Brücke ist am schönsten, wenn ihre dreißig Statuen im Morgennebel und die amerikanischen Teenager noch in den Herbergsbetten liegen. Mein Freund Ale, der mir für ein Wochenende seine Heimatstadt zeigt, besteht auf frühem Aufstehen: *Kafka-Denkmal*, *Jüdisches Viertel* und *Orloj* um Punkt neun, wenn die Uhr des gotischen Rathauses zum ersten Mal ihr Spiel vorführt und sogar die Taschendiebe noch schlafen. Überm Zifferblatt ziehen Holzapostel vorbei und ein Skelett läutet die Glocke – Prag ist morbide. Im *Haus der schwarzen Madonna* bestellen wir das Gebäck »rakvicka se smetanou« – Sarg mit Sahne. Weil wir noch Hunger haben, essen wir bei *Jan Paukert* ein paar »chlebícky«, winzige Brote mit Roastbeef und »hermelín« – eine Art tschechischer Camembert. Dann gehen wir durch das verwinkelte Viertel Malá Strana und kehren abends im Wirtshaus *Zum grünen Baum* ein: Brotzeit und Bier aus Plzen. Den Sonntag beginnen wir im *Museum Kampa*: In einer alten Mühle an der Moldau stellt die Sammlerin Meda Mladek moderne Kunst wie die Skulpturen des Prager Kubisten Otto Gutfreund aus, einst ein Schüler Rodins. Ein Spaziergang unter den Kastanien des Petrin-Parks führt uns später hinauf zur *St.-Veit-Kathedrale*. Als wir ankommen, dämmert es schon und die Fratzen der Simsfiguren blicken so finster von der gotischen Fassade, dass sie alle Touristen verscheucht haben. *Hindeja Farah*

WOHNEN *Neruda* Nerudova 44, Tel. 00420/257/5355 57 61, www.hotelneruda.cz, DZ ab 245 Euro **TRETBOOTE** auf der Moldauinsel Zofín **ESSEN** *U Zeleného Stromu* (Zum grünen Baum), Betlémské nám. 6, Tel. 222/220228; *Grand Café Orient im Haus der schwarzen Madonna* Ovocny trh 19, Tel. 224/224240; *Jan Paukert* Národní 17, Tel. 224/232466 **ANSCHAUEN** *Museum Kampa* U Sovovych mlynu 2, Tel. 257/286147, www.museum-kampa.cz; *Orloj am Rathaus; St.-Veit-Kathedrale auf der Burg*; *Jüdisches Viertel, Kafka-Denkmal* Stadtteil Josefov

DER PERFEKTE BEGLEITER das Reiselesebuch »Kafkas Prag«, für das Klaus Wagenbach dem Schriftsteller durch seine Geburtsstadt gefolgt ist, erschienen im Wagenbach Verlag.

Oktober / **151**

Tannheimer Tal – ÖSTERREICH

Der Mann, der mit uns in die Gondel steigt, trägt einen riesigen Rucksack. »Sie haben aber viel Proviant dabei!«, witzele ich. Nein, das sei ein Gleitschirm, erklärt er; das Neunerköpfle, zu dem wir gerade hinauffahren, sei eines der schönsten Gleitschirm-Reviere Österreichs, wenn nicht der gesamten Alpen. Als die Gondel oben ankommt, verstehen wir, was er meint. Grüne Wiesen, gezackte Felsen, rote Ziegeldächer – wie hingemalt liegt das Tannheimer Tal unter uns. Der Blick schweift über die Orte Tannheim und Grän zur gegenüberliegenden Talseite, die von den Gipfeln Rappenschrofen und Einstein begrenzt wird. Während der Flieger zum Startplatz auf einer Hangwiese eilt, nehmen wir den Rundweg ums Neunerköpfle, in dessen Verlauf Schautafeln über Wissenswertes aus der Bergwelt informieren, zum Beispiel das Paarungsverhalten des Alpensalamanders. Auf einem Hochweg wandern wir weiter zur *Landsberger Hütte* und steigen dann ab ins Naturschutzgebiet *Vilsalpsee*. Als wir am späten Nachmittag zurück nach Tannheim kommen, kreisen mehr als zwanzig Gleitschirme ums Neunerköpfle. Pünktlich zum Abendessen sind wir zurück im *Landhotel Hohenfels*, das auf einer Anhöhe vor einem imposanten Bergpanorama liegt. Der Küchenchef Jürgen Benker und sein Team konnten bereits einen Michelin-Stern erringen. Heute kochen sie ein Sieben-Gänge-Galamenü. Zwischen weißer Tomatenschaumsuppe und Langostinen-Carpaccio tritt Hotelier Wolfgang Radi an unseren Tisch und erzählt, dass viele im Dorf seine Familie für ihre Sterne-Küche und den damit verbundenen Aufwand belächeln würden. »Doch uns ist gutes Essen einfach wichtig«, schließt er. Nach dem exzellenten Mahl machen wir einen nächtlichen Spaziergang durchs Dorf. Neben der Kirche finden wir *s'Höf Bräuhaus*, wo der Sudkessel direkt in der Gaststube steht. Das selbst gebraute Dunkle läuft wie von selbst die Kehle hinunter. Auf dem Rückweg stoßen wir auf die hell erleuchtete Sparkassen-Filiale, die einen weiteren Grund preisgibt, um ins Tannheimer Tal zu fahren: »Diskrete Geldanlage« steht dort, »Nummernkonto möglich«.

Johannes Waechter

WOHNEN&ESSEN *Hotel Hohenfels* A-6675 Tannheim, Tel. 0043/5675/6286, www.hohenfels.at, DZ mit Halbpension ab 160 Euro **AUSGEHEN** *s'Höf Bräuhaus* Unterhöfen 28, Tel. 43102; **WANDERN** *Landsberger Hütte* Tel. 6282, geöffnet bis Mitte Oktober; *Fischerstube am Vilsalpsee* Tel. 6278

DER PERFEKTE BEGLEITER Musik von »Die Knödel«: Panorama (RecRec). Klassisch ausgebildete Orchestermusiker spielen eine Mischung aus alpenländischer Folklore und Kunstmusik.

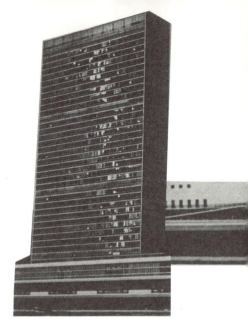

November
11

November

01

02

03

04

05

06

07

08

09

10

11

12

13

14

15

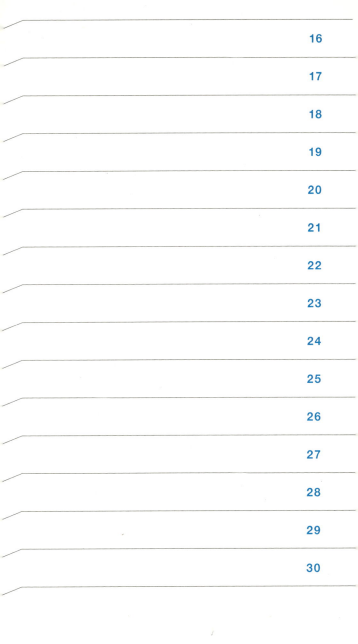

Dartmoor — GROSSBRITANNIEN

Der Dartmoor-Nationalpark diente Agatha-Christie-Krimis und Geistergeschichten als Schauplatz; daher passt es gut, dass bei unserer Ankunft Nebel so dicht wie Schafswolle über die grünen Hügel wabert. Wir übernachten im abgelegenen *Lydgate House* zwischen Ginsterbüschen und Heide. Weil das Hotel so weit weg von allem ist, hört man nachts die Stille rauschen, als wäre man ohne Ohrstöpsel auf einem Metallica-Konzert gewesen. Am nächsten Tag weichen wir wilden Dartmoor-Ponys und Schafen aus, die es sich auf dem Asphalt bequem gemacht haben. Wir parken und laufen zum »Haytor Rock«, eine dieser Granitformationen, die wie riesiges Steinpopcorn aussehen. Beim Abstieg finden wir in einer Nische des Felsens eine Tupperdose mit Block, Stempel und Stift. Diese improvisierten Schreibsets werden »Letterboxes« genannt und sind überall im Moor versteckt. Früher hatte *Letterboxing* in dieser Gegend die gleiche Funktion wie Rauchzeichen in Australien oder Flaschenpost für Robinson Crusoe. Heute hinterlassen vorbeiziehende Wanderer ihren Namen und ein paar Zeilen, manche drücken den beigelegten Stempel in ihre Reisetagebücher. Wer das Moor durchqueren will, kann zwischen zwei Straßen wählen. Wir entscheiden uns für die B3212, denn die führt direkt zum *Warren House Inn*, wo wir Pasty, gefüllte Teigtaschen, und dunkles Bier bestellen. Von den Einwohnern des Ortes wird das Pub auch das »Ewige Feuer« genannt, weil die Holzscheite hier seit zweihundert Jahren nicht erloschen sein sollen. Das haben sie wohl auch ein paar Touristen erzählt, denn als wir das Pub verlassen, erwartet uns nicht nur starker Wind, sondern auch ein kräftiger Ansturm von Reisebussen. Die lassen wir schnell hinter uns, fahren zum berüchtigten *Dartmoor Prison*. Gegenüber von diesem riesigen Gefängnis liegt ein Museum, in dem man alles über fiese Verbrecher und historische Züchtigungsinstrumente erfährt, die Namen wie »flogging frame« tragen. Der Museumsmanager Brian Dingle sagt, dass manche Leute rausgehen müssen, weil sie das Museum zu gruselig finden. Wir halten durch und belohnen uns mit einem Besuch im Schlosshotel *Bovey Castle*. Dort kann man den besten Cream Tea in ganz Südwest-England trinken, und sich dabei wie im Gruselfilm fühlen: Hier wurde die unheimlichste Dartmoor-Geschichte überhaupt gedreht, Sir Arthur Conan Doyles »Der Hund von Baskerville«.　　　*Jenny Buchholz*

WOHNEN *Lydgate House* Postbridge, Devon PL20 6TJ, Tel. 0044/1822/880209, www.lydgatehouse.co.uk, DZ mit Frühstück ab 90 Euro **ESSEN** *Warren House Inn* Postbridge, Devon PL20 6TA, Tel. 880208; *Bovey Castle* North Bovey, Devon TQ13 8RE, Tel. 1647/445016, www.boveycastle.com **ANSCHAUEN** *Dartmoor Prison Heritage Centre* Princetown, Devon PL20 6RR, Tel. 1822/892130, www.dartmoor-prison.co.uk; *Letterboxing-Verein* www.dartmoorletterboxing.org

DER PERFEKTE BEGLEITER die »Sherlock Holmes-Geschichten – Der Hund von Baskerville« von Sir Arthur C. Doyle, erschienen in der Manesse Bibliothek der Weltliteratur.

Lissabon — PORTUGAL

Zu Lissabon gibt es viele Meinungen, weil so viele Menschen schon mal da waren. Ich bin also mit einer Tonne Tipps nach Lissabon gefahren, viel zu viele für ein Wochenende. Den berühmten Stahlaufzug in der Innenstadt habe ich gar nicht geschafft, auch nicht »Sintra«, die Sommerfrische der portugiesischen Könige. Das hat zwei Gründe: Erstens ist die Stadt so schön, dass man sich am liebsten ganz ohne Stress fallen lassen mag wie Erdbeeren in die Sahne. Und zweitens hatte ich die Frau, mit der ich mich sonst sehr oft treffe, einen Monat nicht gesehen, bevor ich sie in Lissabon abgeholt habe – uns war also nicht nach Warteschlangen. Wir haben uns erst mal eingerichtet im *Palácio Belmonte* mit Blick über die *Alfama*, den historischen Teil der Stadt. Zum Hotel nur so viel: Es war das schönste, in dem ich bisher übernachtet habe, obwohl ich schon im »Oriental« in Bangkok (herrlich!) und in Bernie Ecclestones Privathotel in Paul Ricard (furchtbar!) war. Abends gingen wir in das Viertel um die Burg *Castelo São Jorge* und ins *Chapitó*, ein Grillrestaurant mit Varieté. Einer der wohlgemeinten Tipps führte uns später in die »Docas«, das modernisierte Hafengebiet, welches jetzt vor Bars birst und dabei leider nur so viel Spaß macht, wie jeder Ort, der nur gebaut wurde, um möglichst viel Spaß zu machen. Dafür entdeckten wir am nächsten Morgen fantastische Vanillertörtchen in der *Bäckerei D. Dinis*, um genau zu sein: die besten der Welt. Eigentlich wollte ich noch zu der portugiesischen Designerin *Ana Salazar*, doch meine Begleitung überredete mich zu einer Trambahnfahrt mit der berühmten *Linie 28*, die sehr romantisch ist. Das Abendessen im *Pap'Açorda* war köstlich, obwohl der Laden wohl eher deswegen andauernd ausgebucht ist, weil er ebenfalls Ana Salazar gehört. Weil wir schon im *Bairro Alto*, dem alten Vergnügungsviertel waren, sind wir noch zum Tanzen in den *Clube da Esquina*, wo gute Musik läuft und sich ab elf Uhr nachts die ganze Straße mit Menschen füllt. Meine Meinung zu Lissabon? Spitzenstadt! Vor allem mit einer Frau, die lieber Straßenbahn fährt als Kleider kauft.   *David Pfeifer*

WOHNEN *Palácio Belmonte* Páteo Dom Fradique Nr. 14, Tel. 00351/21/8816600, www.palaciobelmonte.com, DZ ab 300 Euro **ESSEN** *Chapitó* Costa do Castelo, 1–7, Tel. 8867334, www. chapito.org; *Pap'Açorda* Rua da Atalaia 57–59, Tel. 3464811; *Bäckerei D. Dinis* Rua de Madalena 40–44 **AUSGEHEN** *Clube da Esquina* Rua da Barroca 30, ab 22 Uhr, kein Eintritt **STRASSENBAHN** *Linie 28* durch die Altstadt, 1,20 Euro **EINKAUFEN** *Ana Salazar* Rua do Carmo 87, Tel. 213472289, www.anasalazar.pt

---

DER PERFEKTE BEGLEITER das Buch »Nachtzug nach Lissabon« von Pascal Mercier, erschienen im Hanser Verlag – die Suche nach einem anderen Leben beginnt mit dem Klang des Wortes »Portugues«.

Miami — USA

Das Bild ging um die Welt: eine Boa constrictor, erstickt an einem Alligator. In Miami sind sogar die Tiere hungriger als sonst wo. Explodierende Immobilienpreise, ungebremster Zuzug, die teuersten Hotels der USA mit der höchsten Belegungsrate, die höchste Model-Dichte, 3000 sollen es sein. Craig Robins, ein Immobilienhändler, tut alles, um den Hunger zu stillen: Anfang der neunziger Jahre hat er den Boom in South Beach entfacht, als er die ersten Art-Déco-Häuser renovierte. Im neuen Jahrtausend gelang ihm das Gleiche mit dem nahe gelegenen Design District. Er hat Sam Keller geholfen, die *Art Basel Miami* zu gründen, die mit Vernissagen und Partys im Design District stattfindet. Robins selbst zeigt in der *Galeria Aqua* seine große Privatsammlung und schmeißt natürlich auch die größte Party (nur für VIPs). Beinahe europäisch muten Robins Viertel heute an. Am Ocean Drive in South Beach flaniert man schon längst wieder an der Versace-Boutique (anscheinend ein Muss für Frauen) oder Gloria Estefans Club *Larios on the Beach* (wegen der Models) entlang, den sie einfach aufkaufte, nachdem sie dort einmal um die Gage geprellt wurde. Auch im Design District geht man inzwischen ganz unamerikanisch zu Fuß, zwischen den Galerien Placemaker und Kevin Bruk oder Restaurants wie *Grass*. Ein Ort, an dem selbst Künstler und Händler während der Art Basel Miami angenehm unaufgeregt bleiben: das *Setai-Hotel*, dessen Bar und Restaurant mit alten Pflastersteinen aus Peking und Fliesen aus Shanghai ausgelegt wurden. Bezauberndes Design, fantastisches asiatisches Essen, wunderbare Drinks und umwerfende Zimmer mit einem atemberaubenden Blick auf den Strand. Eine günstigere Übernachtungsmöglichkeit gleich hinter dem Ocean Drive: das *Clinton*.

Lars Reichardt

WOHNEN *The Setai* 2001 Collins Ave., Suiten für 2 Pers. ab 750 Euro, Tel. 001/305/5206000, www.setai.com; *Clinton Hotel* 825 Washington Ave., DZ ab 90 Euro, Tel. 5381472, clintonhotelsouthbeach.com **AUSGEHEN** *Larios on the Beach* 820 Ocean Drive; *Galeria Aqua* 3930 NE 2nd Ave. **ESSEN** *Grass* 28 NE 40 Street, Tel. 5733355 **MESSE** *Art Basel Miami* www.artbasel-miami.com

DER PERFEKTE BEGLEITER der Reisetaschenklassiker für den Kurztrip: ein Weekender von Louis Vuitton.

Tel Aviv — ISRAEL

Tel Aviv ist kaum größer als Leipzig. Nur trifft sich dort die ganze Welt: jüdische Russen, Franzosen, Einwanderer aus Argentinien. Ich traf dort Ales. Er hatte sich gewünscht, an unserem letzten Wochenende in Israel weder ins Kino noch ins Museum zu müssen. Anschließend sollte er für ein Studienjahr nach Budapest und ich zurück nach Deutschland. Wir schliefen im *Hotel Cinema*, früher wirklich ein Kino, das zu den schönsten Bauhaus-Gebäuden Tel Avivs zählt. Auf den Nachttischen liegt das israelische Pendant zur Kinderschokolade »pesek sman2« – »Auszeit«. Am Samstag, also Sabbat, fahren in Israel keine Busse und Läden öffnen erst abends, nur die Sonne brennt wie immer. Vor der Hitze flüchteten wir nach *Sarona*, ein Dorf unter Platanen mitten in der Stadt, das Templer errichtet haben, als sie im 19. Jahrhundert aus Württemberg ins Gelobte Land kamen. Irgendwo bezeugt ein verwischtes »Gegründet 1871« das Baujahr des Gemeindehauses. Genug Museum, sagten Ales' Augen. Also verließen wir die Terrasse des Hotels erst wieder, um im *Suzanne Dellal Centre* das zeitgenössische Ballett des Batsheva-Ensembles anzusehen. Am Sonntag frühstückten wir bei *Kosem Falafel*, berühmt für seine Kichererbsenbällchen. Hier gilt als ortskundig, wer »sabech« bestellt: Ein Sandwich mit sa für Salat, be für »beitzim« (Eier) und ch für »chatzilim« (Auberginen). Später gingen wir zum *Flohmarkt* in *Jaffa*, wo sich von der Jugendstillampe bis zum abgelaufenen Pass jeder Preis verhandeln lässt, und dann in das Sieben-Tische-Restaurant *Joz v'Luz*. Dort zaubert die Köchin Jerusalem-Artischocken auf Shrimps oder

164 / November

»molochia«, Blattgemüse aus Nordafrika. »Taybe«, palästinensisches Bier aus dem Westjordanland, trinken die Gäste eher aus solidarischen denn Geschmacksgründen. Danach war die Sonne schon im Meer versunken, aber der *Bograshov-Strand* noch voller Menschen und Ales sagte, dass er bestimmt ein Jahr braucht, um mir alle Museen und Kinos in Budapest zu zeigen. *Hindeja Farah*

WOHNEN *Cinema* Zamenhoff St. 1, Tel. 00972/3/5207100, DZ 130 Dollar **ESSEN** *Kosem Falafel* Shlomo Hamelech St. 1, Tel. 5252033; *Joz v'Luz* Yehuda Halevy St. 51, Tel. 5606385 **ANSCHAUEN** *Ballett im Suzanne Dellal Centre* Yechiely St. 5–6, Tel. 5105656; *Jaffa-Flohmarkt* Yefet St., So–Do 10.00–18.00 Uhr, Fr 10.00–14.00 Uhr; *Museum Sarona*, südlich der Kreuzung Kaplan St./Menachem Begin St. Strand Bograshov-Beach, Bograshov St.

DER PERFEKTE BEGLEITER Musik von »Ofra Haza«: Yemenite Songs (Ausfahrt). Klassiker der israelischen Musik, der die Sängerin Ofra Haza auch im Westen populär machte.

Udine — ITALIEN

Samstagvormittag, elf Uhr, statt Cappuccino trinken die Leute um uns herum Wein: Tocai, der schmeckt auch uns. Also scheint das, was man über diesen Ort erzählt, zu stimmen: »Ora del tajut«, sagen die Italiener hier, was so viel heißt, wie: Ein Gläschen Wein geht immer. »2,70 Euro«, sagt die Frau hinter der Bar, wir aber wollen gern alles zusammen bezahlen, drei Gläser. »90 Cent pro Glas, 2,70 Euro zusammen!«, antwortet die Frau. Drei Weinfreunde denken: Paradies! Ruhigere Gemüter sagen: Willkommen im Friaul, in Udine. Von der Piazza della Libertà mit ihren prächtigen Bauten heißt es, sie sei der schönste venezianische Platz auf dem Festland, nur die Brücken fehlen. Gleich in der Nähe liegt das Hotel *Astoria Italia*, das schon vor gut 150 Jahren ein Hotel war. Das *Castello*, ein Museum hoch über der Piazza mit Blick auf die Gipfel der Karnischen und Julischen Alpen, lassen wir aus, um den *Erzbischöflichen Palast* mit Bibliothek aus dem 17. Jahrhundert zu besuchen. So weise fahren wir nach *Savorgnano Del Torre*, 20 Kilometer von Udine entfernt. Das Menü im *Da Giambate* steht nicht auf der Karte, es gibt auch gar keine. Dafür stapeln sich auf dem Tisch Schinken, Gnocchi, Wildente, Kaninchen, Rinderlende, Wein, Espresso, Schnaps, Kuchen. Ornella setzt sich zu uns, 80 Jahre alt, und erzählt, wie sie als Partisanin in den Hügeln von Udine gegen die Faschisten gekämpft hat. Außerdem rät sie uns, nach *Cividale Del Friuli* zu fahren. Das machen wir am Sonntag. Von der Hauptattraktion, dem *Tempietto Longobardo*, einem Tempel aus dem 8. Jahrhundert, weiß bis heute niemand, warum oder von wem er gebaut wurde. In den Dörfern um Cividale schenken die Lokale Heurigen aus und in der *Frasca Da Gianni Cicuttini* lernen wir, dass sich Polenta mit Käse gut als Grundlage für Wein eignet. Ornella sagte noch, wir sollen am 6. November wiederkommen, wenn in dem Ort *Treppo Grande* der neue Wein mit einem Fest begrüßt wird. Und so einer alten Dame sollte man doch auf jeden Fall folgen.

Matthias Eggert

WOHNEN *Astoria Italia* Piazza XX Settembre 24, Tel. 0039/0432/505091, www.hotelastoria.udine.it, Doppelzimmer ab 111 Euro ANSCHAUEN *Kastell Udine* Tel. 271591, Di–So 09.30–12.30 Uhr und 15.00–18.00 Uhr, So Nachmittag und Mo geschlossen, Eintritt 6 Euro, sonntags 1 Euro; *Erzbischöflicher Palast* Tel. 25003, Mi–So, Eintritt 5 Euro; *Tempietto Longobardo*, Piazzetta San Biagio, Cividale, Tel. 700867, Mo–So, 09.30–12.30 Uhr, 15.00–18.30 Uhr, Eintritt 2 Euro, www.cividale.com; *Vendoglio di Treppo Grande* jeden 2. Samstag im November, www.prolocovendoglio.it ESSEN *Da Giambate* Via Principale 11, Savorgnano del Torre-Povoletto, Tel. 666012, Mi–Mo; *Frasca Da Gianni Cicuttini* Via Valli del Natisone 36, Sanguarzo Cividale, Tel. 732319, donnerstags, Januar und Februar geschlossen

DER PERFEKTE BEGLEITER der Schlüssel zu Italiens Weinwelt: »Vini d'Italia« aus der Reihe Gambero Rosso, das Standardwerk erscheint jährlich bei Hallwag im Gräfe & Unzer Verlag.

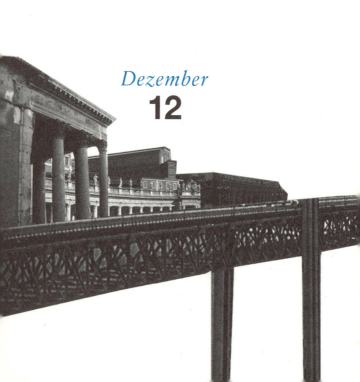

Dezember
12

Dezember

01

02

03

04

05

06

07

08

09

10

11

12

13

14

15

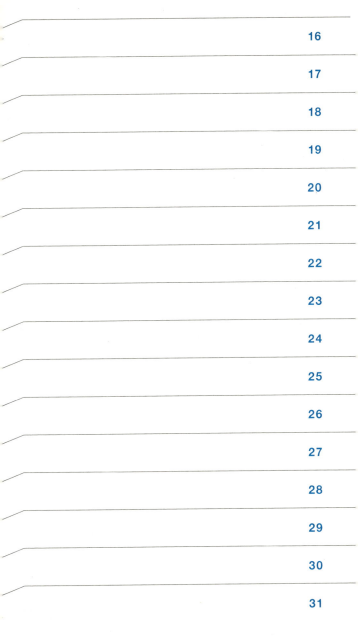

Madeira — PORTUGAL

Von wegen Rentnerparadies: Die meisten Wanderungen an den berühmten *Levadas* auf Madeira sind für ältere Menschen viel zu abenteuerlich. Levadas – das sind die kleinen Kanäle, die das Regenwasser vom Norden der Insel über die Berge in die Dörfer im Süden leiten, denn dort regnet es kaum. Die Levadas sind 2100 Kilometer lang, mit manchmal nur 30, 40 Zentimeter Breite, auf deren Rand man oft genug balancieren muss, während direkt daneben der Hang hundert Meter steil abfällt. Ohne Führer darf man gar nicht losgehen. Meiner hieß Oli, aus Deutschland vor 15 Jahren eingewandert. Wir gingen von Ribeiro Frio nördlich von Funchal bis nach Portela im Osten. 12 Kilometer, normalerweise fünf Stunden immer dem Kanal nach, im Laufschritt, damit uns das nahende Gewitter nicht einholen konnte, durch den dichten Lorbeerwald mit bis zu 1500 Jahre alten Bäumen – bei 20 Grad im Dezember. Mit kurzen Pausen nur dort, wo oben in den Ästen die Kanarienvögel singen oder unten die Brandung des Atlantiks an die Klippen rollt. Oli ist ein guter und gesprächiger Führer, der weiß, wo man die günstigsten Hotels auf Madeira findet (im Westen, einfache Zimmer ab 15 Euro), wie es auf den Nachbarinseln aussieht (»Porto Santo ist so weit ab vom Schuss, da kann man seine Uhr gleich am Hafen abgeben«), was man am besten nach Hause mitbringt (*Strelizien*, auch Papageienblumen genannt, von der Markthalle in Funchal), auch wo man gut isst. Einen Abend verbrachte ich in der *Villa Cipriani*, einem recht teuren italienischem Lokal mit umwerfenden Blick aufs Meer, den anderen in dem kleinen, günstigen Fischlokal *Vila do Peixe* in Camara de Lobos, einem Vorort von Funchal. Zur Weihnachtszeit leuchtet abends die ganze Küste in und um Funchal, die Leute auf Madeira überbieten sich jedes Jahr wieder mit der Zahl der beleuchteten Palmen und Lorbeerbäume. An Silvester soll auch das Feuerwerk über dem Hafen unglaublich sein.

Lars Reichardt

WOHNEN *Quinta das Vistas* Caminho de Santo António 52 A, Funchal, Tel. 00351/291/750001, www.quintadasvistas-madeira. com, DZ ab 170 Euro AUSFLÜGE *Levada-Touren* geführte Touren ab 24 Euro, Tel. 200686, www.naturemeetings.com EINKAUFEN *Strelizien* bei Norberto am ersten Stand rechts hinter dem Haupteingang der Markthalle von Funchal ESSEN *Villa Cipriani* Estrada Monumental, 139, Funchal, Tel. 717100; *Vila do Peixe* Rua Dr. Joao Abel de Freitas 30 A, Camara de Lobos, Tel. 099909

DER PERFEKTE BEGLEITER Musik von »Toranja«: Esquissos (Universal). Mit seiner Band Toranja sucht der Sänger und Gitarrist Tiago Bettencourt nach der Schnittmenge von Melancholie und Aufbruchstimmung.

Mösern — ÖSTERREICH

Wer lang langlaufen will, muss zünftig frühstücken, und da ist er im *Spacklerhof* genau richtig. Im Erkerzimmer, mit einem gewaltigen Blick ins Karwendelgebirge, gibt es selbst gebackenes Brot, selbst gekochte Marmelade und Eier von den Hühnern draußen. Dann los! Im Prinzip könnte man 286 Kilometer fahren, ist schließlich das frühere Olympiaskigebiet Seefeld hier. Uns reichen 35. Eine perfekt präparierte, immer zweispurige Loipe führt mal durch den Wald, mal auf weiter Ebene an Seen und Birken vorbei, als befände man sich irgendwo in Norwegen. Eine unverzichtbare Zwischenstation ist die *Wildmoosalm*, wo es Apfelstrudel mit Vanillesoße gibt. Zurück geht es dann viel abwärts. Um 17 Uhr muss man nicht auf die Uhr schauen, da läutet die Friedensglocke in Mösern. Das mehr als zehn Kilo schwere Prachtstück hängt nur ein paar Schritte vom »Spacklerhof« entfernt und soll daran erinnern, dass die Alpendörfer besser zusammenhalten als sich gegenseitig die Touristen abzujagen. Abendessen gibt es im *Dorfkrug*, wo die Portionen Sportler-Größe haben, Preise aber zivil sind. Sonntags baden wir im Spa des *Interalpen-Hotel*, fünf Sterne, Wellness auf 5000 Quadratmetern, Swimmingpool mit Außenbecken unter dem Wettersteinmassiv, Saunadorf und eine Brotbackstube: Im Ofen geht ein Laib Brot auf, drumrum sitzen und schwitzen die Leute. Auf der Heimreise lohnt es sich, im *Zisterzienserkloster* in Stams die Fürstengruft mit der berühmten Kreuzigungsgruppe anzusehen. Im Klostergebäude befindet sich auch ein Skigymnasium. Gut möglich also, dass uns einer dieser kichernden Jungs am Nachbartisch im Wirtshaus *Stamser-hof* eines Tages wieder begegnen wird – im Fernsehen, mit Goldmedaille.   *Nina Poelchau*

WOHNEN *Spacklerhof* Mösern, Tel. 0043/5212/4811, pro Person 20 Euro (D/WC Flur); *Interalpen-Hotel*, Telfs-Buchen, Tel. 5262/6060, www.interalpen.com, DZ ab 169 Euro, Spa ab 60 Euro/Tag **ESSEN** *Dorfkrug* Mösern, Tel. 5212/4766; *Wildmoosalm* Tel. 5212/3002; *Restaurant Stamserhof* Tel. 5263/20122, www.stamserhof.at **ANSCHAUEN** *Stift Stams* Stams, Tel. 5263/6242 oder -6360, www.stiftstams.at

DER PERFEKTE BEGLEITER eine Retterspitz-Salbe. Mit der Unternehmensgründerin Margarete Retterspitz begann 1895 die Erfolgsgeschichte des Heilmittels, auf das auch Olympioniken schwören.

Rom — ITALIEN

Gut essen heißt in Rom auch immer: viel essen. Zwei Jahre lebt mein Freund Gregor jetzt schon dort. Sogar den örtlichen Brauch, an Silvester nur rote Unterwäsche zu tragen, praktiziert er mittlerweile, und gute Lokale kennt er ohnehin einige: *Da Olimpio* beispielsweise, wo man sich wahre Pyramiden auf den Antipastiteller türmen darf und man meinen Freund mit »Dottore« anspricht, weil, wie der steif und fest behauptet, Italiener alle Studierten so anreden. Oder bei *Franco*, bei dem man im Sommer auf der Straße am besten das große Fischmenü bestellt, acht Gänge für 25 Euro, Wein inklusive. Reservierungen nimmt Franco nicht entgegen, wer ab acht Uhr abends zuerst vor der Tür steht, isst auch zuerst. Gregor hat sich freimütig mit der Veröffentlichung dieser beiden Adressen einverstanden erklärt. Das »Olimpio« steht selbst schon in japanischen Restaurantführern, aber der Dottore findet immer noch einen Platz, und Francos Lokal liegt abgelegen hinter der Stazione Termini, in San Lorenzo, einer Gegend mit wenigen Prostituierten und vielen Studenten, einigermaßen bezahlbaren Wohnungen und netten Bars wie dem *Rive Gauche 2*. Klamotten seien in Rom so günstig, dass die Italiener sich ständig neu einkleiden würden, meint Gregor. Mich schickte er deswegen in die Secondhand-Läden von Monti, dem neuesten In-Viertel Roms gleich hinter dem Kolosseum. In dem Laden hingen tatsächlich kaum getragene Hemden und Sakkos. Gregors Tipp an die Damenwelt: kaschmirgefütterte Lederhandschuhe bei *Sermoneta* an der Spanischen Treppe. Rom muss wirklich nicht teuer sein, nur die

Hotels sind es: Selbst ein dunkles, lautes Loch ist kaum unter 160 Euro zu bekommen. Dann schon lieber gleich ins elegante *Hotel Hassler*, direkt über der Spanischen Treppe, wo Woody Allen seine Pressekonferenzen auf der Gartenterrasse hält und der reizende gehörlose Besitzer mit Elefantengedächtnis in drei Sprachen Lippen lesen kann. Aus vielen Zimmern und dem neu eröffneten Hotelrestaurant *Imàgo* im sechsten Stock hat man den schönsten Blick über die Ewige Stadt bis zum Petersdom jenseits des Tibers – atemberaubend. Und nur keine Angst vor Strafzetteln im Halteverbot rund um die Spanische Treppe. Gregor war bisher der einzige Deutsche, der einen italienischen Strafzettel der Ordnung halber auch bezahlen wollte. Irgendjemand, dachte er sich, müsse doch einmal dem Chaos Roms Einhalt gebieten. Auf der Bank sah man ihn an, als ob er nicht mehr alle Tassen im Schrank hätte.

Lars Reichardt

WOHNEN *Hotel Hassler* Piazza Trinità dei Monti 6, Tel. 0039/06/699340, www.hotelhasslerroma.com, DZ ab 520 Euro **ESSEN** *Restaurant Da Olimpio* Via degli Avignonesi 37–38, Tritone, Tel. 4885225; *Da Franco ar vicoletto* Via dei Falisci 1a, San Lorenzo, Tel. 4957675; *Imàgo* Tel. 69934726 **AUSGEHEN** *Rive Gauche 2* Via dei Sabelli 43, San Lorenzo, Tel. 4456722 **EINKAUFEN** *Sermoneta* Piazza di Spagna 61, Tel. 6791960

DER PERFEKTE BEGLEITER der Roman »Der Tod in Rom« von Wolfgang Koeppen, erschienen im Suhrkamp Verlag.

St. Moritz — SCHWEIZ

Die Seele von St. Moritz wohnt unten im Keller und riecht nicht gut: Träge quillt sie aus dem Gestein, zwölf Liter stark eisenhaltiges Wasser pro Stunde, die Mauritiusquelle. Um sie zu finden, checken wir im *Grand Hôtel des Bains* ein, das um die Quelle herumgebaut wurde. Früher drehte sich in St. Moritz alles um sie, Paracelsus pries sie als heilsam, dann kamen erste Touristen, es wurden Millionen. Heute reisen die Besucher aus anderen Gründen an. Das teuerste Ferienhaus der Welt gibt es hier, den ältesten Golfplatz der Schweiz, und der Turm auf dem Marktplatz ist schiefer als der in Pisa. Wer was gegen Superlative hat, hält sich also besser fern – aber der verpasst auch die netten Seiten, das Kino, das noch Scala heißt, oder *Sutters* Bauernhofladen, wo man sich Eis und Joghurt aus der Kühltruhe nimmt und das Geld daneben legt. Am besten macht man sich freitags zeitig auf den Weg, dann schafft man es zum Nachtskifahren auf die Corvatschpisten. Sportliche wohnen in der *Chesa Chantarella*, einer Luxushütte oben auf dem Berg, in der es seit kurzem 13 Zimmer zu mieten gibt. Auch Touristen dürfen in St. Moritz *Cresta* fahren, allerdings nur Männer, Frauen buchen eine *Taxibobfahrt*. Wer genug Polopferde und Bunte-Reporter gesehen hat, flüchtet ins *Fextal*, von wo man nach einer Wanderung im Pferdeomnibus zurückfährt. Wir steigen am *Waldhaus Sils* aus, um Tee zu trinken und uns vorzustellen, wie Thomas Mann und Theodor W. Adorno auf den Dielen herumschlurften. Auf dem Rückweg nach Deutschland essen wir im *Dorta* zu Abend. In dem Bauernhaus aus dem 11. Jahrhundert schneiden wir uns frisches Brot vom Laib, während wir auf die Pizokel warten: dieses köstliche Graubündner Nationalgericht, bei dem die einzige Zutat, die nicht dick macht, die Schnittlauchrollen oben drauf sind.

Kerstin Greiner

WOHNEN *Kempinski Grand Hôtel des Bains* Tel. 0041/81/83 83838, www.kempinski-stmoritz.ch, DZ ab 310 Euro; *Chesa Chantarella* Tel. 8333355, www.chesachantarella.ch, DZ ab 168 Euro; *Waldhaus Sils* Tel. 8385100, www.waldhaus-sils.ch, DZ ab 243 Euro **ESSEN** *Dorta* Zuoz Tel. 8385100, Mi–So ab 18.00 Uhr **HOFLADEN** *Sutter* Promulins 37, Samedan, Tel. 8523720; *Cresta* Tel. 8334609, www.cresta-run.ch **TAXIBOB** Tel. 8300200, www.olympia-bobrun.ch

DER PERFEKTE BEGLEITER die Sonnenbrille »St. Moritz« von Cartier.

DIE AUTOREN

MARC BAUMANN *1977 arbeitet für die Online-Redaktion des Süddeutsche Zeitung Magazins, verreist gerne spontan. Die Idee zu seinem letzten Wochenendtrip an den Gardasee kam ihm um drei Uhr morgens nach einem Barbesuch. Vier Stunden später frühstückte er am Seeufer.

FELIX BAYER *1971 schreibt seit mehr als zehn Jahren über Popmusik und Verwandtes, u.a. in Spex, SZ-Diskothek, Intro, Stern und Prinz. Er lebt in Hamburg und arbeitet in Berlin als Kulturredakteur bei Vanity Fair. Für diesen Band hat er »Das Perfekte Wochenende« von Keira Knightley aufgezeichnet.

ANNA VON BAYERN *1978 Schülerin der Axel Springer Akademie und freie Autorin u.a. für Süddeutsche Zeitung Magazin, Bild am Sonntag, Die Welt, Welt am Sonntag. Studium der Geschichte und Politik an der Stanford University, lebt mit Mann und Sohn in New York und Berlin.

DR. ANDREAS BERNARD *1969 arbeitet für die Redaktion des Süddeutsche Zeitung Magazins. Wenn es nicht so weit wäre, würde er seine Wochenenden am liebsten in Los Angeles verbringen.

JENNY BUCHHOLZ *1976 studierte Literatur in Exeter und erwarb einen Master in Cultural Studies am Goldsmiths College in London. Sie führte zwei Jahre das Lifestyle- und Reise-Ressort der Celebrity, lebt und arbeitet jetzt in Hamburg und Berlin als Entwicklungsredakteurin und freie Journalistin.

SOPHIE BURKHARDT *1982 ist freie Journalistin und hat in Paris studiert. Eigentlich reist sie nur ungern zweimal an denselben Ort. Aber Paris muss sein – mindestens einmal im Jahr.

KAREN COP *1959 in Dortmund, danach viel unterwegs. Einst u.a. bei Tempo, Wiener, Miss Vogue und Chefredakteurin von Prinz München. Seit 13 Jahren ist sie freie Journalistin mit mütterlichem Seitenblick auf ihre zwei Kinder.

OLIVER CREUTZ *1971 lebt in Hamburg und ist als Redakteur beim Stern auch für den Design-Bereich zuständig, weshalb sein Wochenende in Kopenhagen einer Fortbildung nahe kam.

JULIA DECKER *1974 arbeitet für die Redaktion des Süddeutsche Zeitung Magazins. Der einzige Grund eine Reise anzutreten: Einen perfekteren Ort zu entdecken als den Bregenzer Wald. Es ist ihr bis jetzt nicht gelungen.

MATTHIAS EGGERT *1975 arbeitet als freier Journalist in München. Bei seiner letzten Reise wäre er fast dort geblieben: Segeln in der Karibik. Irgendwie verständlich.

HINDEJA FARAH *1976 ist Redakteurin der Zeitschrift Vanity Fair, lebt in Berlin und reist am liebsten durch die Staaten des Nahen Ostens und Osteuropa.

EVA FISCHER *1950 frankophiler kölsch-bayrischer Mischling und seit dem ersten Tag Bildredakteurin des Süddeutsche Zeitung Magazins.

SEBASTIAN GLUBRECHT *1976 arbeitet für die Redaktion des Süddeutsche Zeitung Magazins. Er hat das Glück, fast jeden Abend mit seiner Lebensgefährtin Urlaub auf ihrer großen Couch zu machen. Wenn er außerhalb seiner Wohnung in Ferien fährt, verschlägt es ihn oft in weit entfernte Länder, allerdings kommt er letztendlich doch immer wieder auf jene Couch zurück.

KERSTIN GREINER *1973 ist Redakteurin des Süddeutsche Zeitung Magazins, betreut die »Stil Leben«-Themen sowie die Rubrik »Das Perfekte Wochenende«, die mittlerweile von »Der Perfekte Plan« beerbt wurde. Das Schönste am Wochenende ist für sie das lange Frühstück – am liebsten auf der sonnigen Terrasse eines Hotels.

TOBIAS HABERL *1975 arbeitet für die Redaktion des Süddeutsche Zeitung Magazins. Er verreist am Wochenende am liebsten in andere Länder, weil man dort auch sonntags einkaufen kann.

JULIAN HANS *1974 in Freiburg, Zivildienst in Novosibirsk, studierte Kulturwissenschaften in Frankfurt/Oder, Moskau und Posen und besuchte die Henri-Nannen-Journalistenschule. Redakteur bei Die Zeit. Sucht jedes Wochenende von neuem den Kompromiss zwischen Schwarzwald und Sibirien.

JOHANNES HEESTERS *1903 ist der weltweit älteste aktive Sänger und Schauspieler. Wenn er nicht gerade in seinem Haus in Alpbach weilt, findet man ihn mit einer Zigarette im Lehnstuhl seiner Villa am Starnberger See oder in seiner Heimatstadt Amsterdam bei der Familie.

DR. EVA KARCHER *1955 Journalistin, Autorin, Kunstmarktexpertin und Kunstvermittlerin im Bereich der zeitgenössischen Kunst, arbeitet regelmäßig für Magazine und Zeitungen wie Vogue, AD, Monopol, Süddeutsche Zeitung. Reisen ist für sie nicht nur unverzichtbarer Teil des Jobs, sondern essentielles Vergnügen und kontinuierliche Anregung für Sinne und Denken, das nicht zuletzt auch den Körper in Bewegung hält.

SUSANNE KLINGNER *1978 lebt als freie Journalistin in München. Sie schreibt unter anderem für das Süddeutsche Zeitung Magazin, Fluter, Emotion und Zeit Campus.

SEBASTIAN KISTERS *1973 Absolvent der Henri-Nannen-Schule, hat im früheren Leben Geographie studiert. Wohl deshalb fühlt er sich auf Island so wohl: Da kann man der Erde nämlich bei der Arbeit zuschauen.

KEIRA KNIGHTLEY *1985 arbeitet seit ihrem sechsten Lebensjahr als Schauspielerin und dreht durchschnittlich drei Filme pro Jahr. In ihrer knappen Freizeit macht sie am liebsten Urlaub in ihrer britischen Heimat oder fährt in den Trekking-Urlaub – an einen Ort, wo sie niemand kennt.

DR. PATRICK KRAUSE *1965 Ghostwriter, Autor unter anderem für das Feuilleton der Süddeutschen Zeitung und Herausgeber zahlreicher Reiseführer.

BASTIAN OBERMAYER *1977 lebt als freier Journalist in München und arbeitet vor allem für das Süddeutsche Zeitung Magazin. Wenn er länger verreist, will er ans Wasser oder in die Berge, bei Kurzurlauben zieht es ihn meist in eine neue Stadt.

JAMIE OLIVER *1975 ist der berühmteste Koch Englands. Im Jahr 2005 hat er sich einen lang gehegten Wunsch erfüllt und ist nach Italien auf kulinarische Entdeckungsreise gegangen, wo er auf den Geschmack der südländischen Lebensfreude und Leidenschaft fürs Kochen kam.

DAVID PFEIFER *1970 ist Autor und Verlagsberater und lebt in Berlin. Er arbeitet unter anderem für Gruner & Jahr, den Spiegel-

Verlag, Hoffmann & Campe und Burda. Neben dem Süddeutsche Zeitung Magazin schreibt er u.a. für Neon, Geo, Stern, Park Avenue. Sein zweites Buch »Klick! – wie moderne Medien uns klüger machen« ist im Campus-Verlag erschienen.

NINA POELCHAU *1961 lebt in Oberschwaben und verbringt perfekte Wochenenden am allerliebsten im Gebirge oder in exquisiten Hotels mitten in der großen Stadt.

LARS REICHARDT *1963 ist Redakteur des Süddeutsche Zeitung Magazins und reist immer noch am liebsten nach Italien.

JULIA ROTHHAAS *1977 arbeitet für die Online-Redaktion des Süddeutsche Zeitung Magazins, erstellte aufgrund der Vielzahl an interessanten Reisezielen eine Top-Ten-Liste der Länder, die sie als nächstes bereisen möchte. Kurioserweise stehen dort momentan überwiegend Länder, die entweder mit einem »I« oder einem »J« anfangen.

ALEXANDER RUNTE * 1977 absolvierte die Deutsche Journalistenschule und studierte Politik und Philosophie. Er arbeitet im Münchner Journalistenbüro Nansen & Piccard.

MAX SCHARNIGG *1980 ist Redakteur bei jetzt.de und zuständig für die Ressorts Pop und Lebenswelt. Veröffentlichungen u.a. im Süddeutsche Zeitung Magazin, Die Zeit und Musikexpress.

BJÖRN SCHEELE *1978 ist Journalist und Radfahrer, lebt in München und arbeitet als Redakteur bei der Fachzeitschrift Bike. Schon als Jugendlicher wanderte er mit Zelt und Rucksack durch Norwegen, seitdem kehrt er regelmäßig dorthin zurück. Besonders die Hauptstadt Oslo hat es ihm angetan.

JENS SCHNEIDER *1963* war von 1996 bis zum Frühjahr 2005 Korrespondent der Süddeutschen Zeitung in Dresden. Heute ist der gebürtige Hamburger Redakteur der Berliner Parlamentsredaktion der Süddeutschen Zeitung.

ROLAND SCHULZ *1976* schreibt als freier Journalist für jetzt.de, die Süddeutsche Zeitung und Magazine wie Geo oder mare. Er lebt in München. Sein »Perfektes Wochenende« an der Côte d'Azur ist ihm besonders in Erinnerung geblieben: Er war zuvor noch nie in Frankreich gewesen.

ALEXANDROS STEFANIDIS *1975* Studium der Germanistik, Politikwissenschaft und Soziologie in Heidelberg, Toronto und Thessaloniki, Besuch der Deutschen Journalistenschule in München. Er ist freier Autor für das Süddeutsche Zeitung Magazin, Die Zeit, Stern und GeoSpecial.

FRANZISKA STORZ *1979* moderiert beim Bayerischen Rundfunk und beim Südwestrundfunk und arbeitet als freie Autorin in München.

SILKE STUCK *1973* Studium der Gesellschafts- und Wirtschaftskommunikation, Besuch der Berliner Journalistenschule. War Reporterin bei der Berliner Zeitung, arbeitet heute bei der Brigitte – mittlerweile als Redakteurin im Ressort Reportage. Mag am Wochenende in Wahrheit am liebsten den Mittagsschlaf.

HELGE TIMMERBERG *1952* schreibt Reisereportagen aus allen Teilen der Welt – bisher nur mit Ausnahme der Fidschis und Australiens. Nur Crew-Mitglieder der großen Fluglinien sind möglicherweise mehr unterwegs. Seine Wohnung nennt er

Autoren / **187**

Basis-Camp, und alle Ansätze des modernen Nomaden, ernsthaft sesshaft zu werden, schlugen bisher fehl.

JOHANNES WAECHTER *1969* wuchs in Berlin-West auf, studierte Amerikanistik und besuchte danach die Henri-Nannen-Schule. Er ist Redakteur beim Süddeutsche Zeitung Magazin. Zusammen mit Philipp Oehmke hat er die Süddeutsche Zeitung Diskothek herausgegeben: 1000 Songs, 50 Jahre Popmusik, zusammengestellt vom Süddeutsche Zeitung Magazin.

DR. DOMINIK WICHMANN *1971* Besuch der Berliner Journalistenschule, Studium der Politikwissenschaft, Philosophie und Amerikanischen Kulturwissenschaft in München und Harvard/USA, Chefredakteur des Süddeutsche Zeitung Magazins, 2006 ausgezeichnet als Magazinjournalist des Jahres.

GREGOR WILDERMANN *1970* Journalist in den Bereichen Musik, Kino, Technik und Reisen. Bei gepacktem Koffer verschlägt es ihn vorwiegend in Städte oder in Richtung seiner beiden Traumziele Australien und Japan. Von dort stammt auch die beste Wahrheit zum Reisen: Besser einmal sehen als hundertmal hören.

STÄDTE *alphabetisch*

A Alpbach 94 – Amalfiküste 14 – Amrum 110 – Arezzo 62 –
Arosa 128 – Athen 68 – Auerbach/Salzburg 142

B Bezau 38 – Bodensee 104 – Budapest 64

C Camargue 96 – Chalkidiki 40 – Côte d'Azur 42

D Dartmoor 158 – Derbyshire 112 – Dresden 130

F Frankfurt 88

G Gardasee 66 – Göteborg 84 – Gotha 76 – Gstaad 28

H Hornbach 52

I Ischia 78 – Istanbul 50

J Juist 132

K Karlsbad 30 – Kopenhagen 144

L Lissabon 160 – Los Angeles 80

M Madeira 172 – Marrakesch 26 – Miami 162 – Millstatt am
See 114 – Mösern 174 – Monaco 116 – München 70

N Nida 98

O Ötztal 16 – Oslo 122

P Pamplona 146 – Paris 44 – Prag 150

R Reggio Emilia 54 – Reykjavik 100 – Rom 176

S Sächsisches Vogtland 148 – Salzburger Land 118 –
San Bernardino 18 – St. Maria di Castellabate 86 –
Schnalstal 32 – St. Moritz 178 – Stockholm 134

T Tannheimer Tal 152 – Tel Aviv 164

U Udine 166

V Venedig 102

W Waren/Müritz 136 – Weissensee 20 – Wien 82

Z Zagreb 120 – Zypern 56

LÄNDER *alphabetisch*

DÄNEMARK Kopenhagen 144 – **DEUTSCHLAND** Amrum 110, Bodensee 104, Dresden 130, Frankfurt 88, Gotha 76, Hornbach 52, Juist 132, München 70, Sächsisches Vogtland 148, Waren/Müritz 136 – **FRANKREICH** Camargue 96, Côte d'Azur 42, Paris 44 **GRIECHENLAND** Athen 68, Chalkidiki 40 – **GROSSBRITANNIEN** Dartmoor 158 , Derbyshire 112 – **ISLAND** Reykjavik 100 – **ISRAEL** Tel Aviv 164 – **ITALIEN** Amalfiküste 14, Arezzo 62, Gardasee 66, Ischia 78 , Reggio Emilia 54, Rom 176, St. Maria di Castellabate 86, Schnalstal 32, Venedig 102 – **KROATIEN** Zagreb 120 – **LITAUEN** Nida 98 – **MAROKKO** Marrakesch 26 – **MONACO** Monaco 116 – **NORWEGEN** Oslo 122 – **ÖSTERREICH** Alpbach 94, Auerbach/Salzburg 142, Bezau 38, Mösern 174, Millstatt am See 114, Ötztal 16, Salzburger Land 118, Tannheimer Tal 152, Weissensee 20, Wien 82 – **PORTUGAL** Lissabon 160, Madeira 172 – **SCHWEDEN** Göteborg 84, Stockholm 134 – **SCHWEIZ** Arosa 128, Gstaad 28, San Bernardino 18, St. Moritz 178 – **SPANIEN** Pamplona 146 – **TSCHECHIEN** Karlsbad 30, Prag 150 – **TÜRKEI** Istanbul 50 – **UNGARN** Budapest 64 – **USA** Los Angeles 80, Miami 162 – **ZYPERN** Zypern 56

Länder / **191**

Impressum

DAS PERFEKTE WOCHENENDE

Ein Reisekalender –
zusammengestellt vom Süddeutsche Zeitung Magazin

Mit einem Vorwort von Kerstin Greiner

© Magazin Verlagsgesellschaft Süddeutsche Zeitung mbH 2007. Alle Rechte vorbehalten.
Originalausgabe

Konzeption: Angela Kesselring, Eva Steidl
Gestaltung und Satz: Marion Blomeyer
Illustrationen: Eva Hillreiner

Redaktion: Kerstin Greiner, Angela Kesselring, Eva Steidl
Lektorat: Anne-Katrin Scheiter, Annette Zerpner
www.sz-magazin.de

Der Inhalt dieses Buches basiert auf einer Auswahl der Kolumne des Süddeutsche Zeitung Magazins »Das Perfekte Wochenende«, sämtliche in dieses Buch aufgenommene Texte sind bereits erschienen. Trotz aufwändiger und sorgfältiger Recherche konnten nicht alle Rechteinhaber ausfindig gemacht werden. Berechtigte Urheberrechtsansprüche werden selbstverständlich vom Verlag abgegolten. Angaben wie Telefonnummern, Adressen, Öffnungszeiten, Preise und Fahrpläne können sich ändern. Der Verlag kann für fehlerhafte oder veraltete Angaben nicht haftbar gemacht werden. Für Hinweise, Korrekturen oder Verbesserungsvorschläge sind wir dankbar.

Erschienen im Verlag MeterMorphosen, Frankfurt am Main.
www.metermorphosen.de
ISBN 978-3-934657-19-9

WIR MÖCHTEN UNS GANZ HERZLICH BEDANKEN BEI

Julika Altmann, Marc Baumann, Felix Bayer, Anna von Bayern, Andreas Bernard, Anne Blaschke, Sophie von Blücher, Mirko Borsche, Jenny Buchholz, Regina Burkhard, Sophie Burkhardt, Karen Cop, Oliver Creutz, Julia Decker, Matthias Eggert, Alexander Elspas, Hindeja Farah, Ivonne Fehn, Max Fellmann, Eva Fischer, Dörte Gebhardt, Katrin Gerhardy, Sebastian Glubrecht, Kerstin Greiner, Tobias Haberl, Julian Hans, Andrea Hedeker, Johannes Heesters, Jan Heidtmann, Gabriella Hoffmann, Anita Horvath, Marianne Igl, Eva Karcher, Sebastian Kisters, Sibill Henkel, Susanne Klingner, Keira Knigthley, Pamela Knötzinger, Werner Knötzinger, Marianne Kössler, Stefan Krähling, Patrick Krause, Kim Kuhfs, Sabine Magerl, Carolin Meitinger, Julia Meschede, Frank Müller, Bastian Obermayer, Philipp Oehmke, Jamie Oliver, David Pfeifer, Nina Poelchau, Daniela Ptok, Lars Reichardt, Frauke Rembitzki, Julia Rothhaas, Dirk Rumberg, Alexander Runte, Anne Sasse, Max Scharnigg, Björn Scheele, Anne-Katrin Scheiter, Herbert Schiffers, Jens Schneider, Susanne Schneider, Roland Schulz, Rudolf Spindler, Rainer Stadler, Alexandros Stefanidis, Franziska Storz, Silke Stuck, Michael Tandler, Andreas Tazl, Helge Timmerberg, Innegrit Volkhardt, Johannes Waechter, Dominik Wichmann, Gregor Wildermann, Erika Würth, Annette Zerpner, Hiltrud Zobel

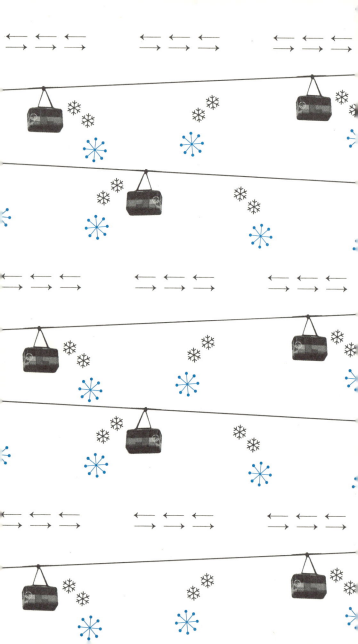